AF249639

LA
CONVENTION INTERNATIONALE

DU 20 MARS 1883

POUR LA PROTECTION DE LA PROPRIÉTÉ INDUSTRIELLE

Par M. J. BOZERIAN

SÉNATEUR
ANCIEN PRÉSIDENT DE LA CONFÉRENCE INTERNATIONALE POUR LA PROTECTION
DE LA PROPRIÉTÉ INDUSTRIELLE

PARIS
IMPRIMERIE C. PARISET
101, RUE DE RICHELIEU, 101

—

1885

LA
CONVENTION INTERNATIONALE

DU 20 MARS 1883

POUR LA PROTECTION DE LA PROPRIÉTÉ INDUSTRIELLE

Par M. J. BOZERIAN

SÉNATEUR

ANCIEN PRÉSIDENT DE LA CONFÉRENCE INTERNATIONALE POUR LA PROTECTION
DE LA PROPRIÉTÉ INDUSTRIELLE

PARIS

IMPRIMERIE C. PARISET

101, RUE DE RICHELIEU, 101

—

1885

LA

CONVENTION INTERNATIONALE

DU 20 MARS 1883

POUR LA PROTECTION DE LA PROPRIÉTÉ INDUSTRIELLE

I

Cause et objet de ce travail. — Ses divisions.

Le 20 mars 1883, une convention internationale pour la protection de la propriété industrielle a été conclue, à Paris, entre la France et les dix puissances suivantes : la Belgique, le Brésil, l'Espagne, le Guatemala, l'Italie, les Pays-Bas, le Portugal, le Salvador, la Serbie et la Suisse.

Depuis cette époque, de nouvelles puissances, la Turquie, la République de l'Équateur, celle de Saint-Domingue, la Grande-Bretagne, la Suède et la Norwège ont adhéré à cette convention, qui a été ratifiée par une loi promulguée le 5 juin 1884.

Le but poursuivi par les États contractants a été, ainsi que cela est expliqué dans le préambule de la convention, d'assurer une complète et efficace protection à l'industrie et au commerce de leurs nationaux respectifs, et de contribuer à la garantie des droits des inventeurs et de la loyauté des transactions commerciales.

Accueillie tout d'abord avec faveur par ceux qui s'étaient mis à même de la connaître, cette convention est devenue, dans les derniers mois de l'année 1884, l'objet de violentes attaques de la part de personnes qui ne la connaissaient évidemment que d'une façon imparfaite.

Comme l'article 14 la déclare soumise à des révisions périodiques, et que la première Conférence chargée de ces révisions doit avoir lieu à Rome, en 1880, une campagne en règle a été entreprise pour ameuter contre elle l'opinion publique, et notamment, celle des Chambres de commerce, que le gouvernement aurait eu le tort de ne pas consulter (1). Des circulaires leur ont été adressées ; on a provoqué de leur part l'envoi de pétitions ayant pour objet de demander, non pas seulement des modifications à tel ou tel article, mais la dénonciation pure et simple de cette convention, qui, conclue à l'instigation de la France, n'aurait été pour elle qu'un leurre et qu'une déception : on espère qu'après deux années à peine, celle-ci consentira à faire amende honorable, et à reconnaître publiquement l'inanité de ses espérances et la gravité de ses erreurs.

Quant aux commissaires français, qui ont pris part à l'élaboration de cette œuvre, un journaliste de valeur (2) a demandé qu'une enquête fût faite sur leur compte.

S'ils ont été des naïfs et des dupes, il faut, a dit ce journaliste, qu'ils soient déchus de leurs fonctions actuelles ; et, s'ils ont sacrifié les intérêts français par un motif inavouable, ainsi que cela a été insinué dans un rapport présenté à la Chambre de commerce de Paris, dans la séance du 8 juillet 1885, il faut qu'ils soient traduits devant une haute cour de justice et punis comme ils le méritent.

En ma qualité d'accusé, car je suis l'un de ces commissaires, je viens présenter une défense. J'espère pouvoir démontrer que ni mes honorables collègues (3), ni moi, n'avons été dans cette circonstance des naïfs, des dupes ou des traîtres, et que nous n'avons rien à redouter, ni de la haute cour de justice, ni de toute autre.

---

(1) A cet égard, il convient de rappeler que lors du Congrès de la propriété industrielle, le ministre du commerce avait, le 18 juillet 1878, adressé à toutes les Chambres de commerce une circulaire accompagnée du programme provisoire des questions qui devaient être examinées par ce Congrès, et les avait invitées à lui transmettre leurs observations. Ces questions comprenaient la plupart de celles qui ont été abordées dans la convention internationale de 1883. Aucune Chambre n'adressa de réponse écrite au ministre : six seulement, celles de Bar-le-Duc, Bordeaux, Dijon, Lyon, Nancy, Saint-Étienne, se contentèrent d'envoyer un délégué au Congrès. (Compte rendu du Congrès de la propriété industrielle. — Paris, Imprimerie Nationale, 1879.)

(2) M. Thomas Grimm, numéro du *Petit Journal*, du 10 août 1885.

(3) Les commissaires français étaient : MM. J. Bozérian, sénateur, président de la Conférence internationale ; Jager-Schmidt, ministre plénipotentiaire ; Girard, directeur du commerce intérieur.

Tels sont les causes et l'objet du présent travail (1).

En voici les divisions :

J'examinerai d'abord les origines de la convention internationale du 20 mars 1883.

Après en avoir reproduit la teneur, je m'expliquerai sur ceux de ses articles qui n'ont pas été critiqués; je montrerai les avantages considérables que leur adoption a procurés à notre commerce et à notre industrie.

Je m'expliquerai ensuite sur les autres, et je répondrai aux critiques dont ils ont été l'objet.

Je m'expliquerai enfin, sur les partis que les adversaires de cette convention conseillent de prendre à son égard.

II

Origines de la convention internationale du 20 mars 1883

En matière de propriété industrielle, comme en matière de propriété artistique et littéraire, les études de législation comparée ont pris depuis un certain nombre d'années un développement considérable.

Le mouvement qui s'est produit à ce sujet a été fort bien expliqué dans l'allocution prononcée par le président de la Conférence, qui a élaboré, au mois de novembre 1880, la convention internationale du 20 mars 1883.

« Ce qui se passe pour la propriété industrielle, a-t-il dit, dans la séance d'ouverture de cette Conférence, est arrivé pour toutes les législations. On commence par faire des lois nationales, sans

---

(1) Ce travail a été approuvé par la commission permanente internationale (section française) de la propriété industrielle.

Cette commission est composée de MM. J. Bozérian, sénateur, président; Tranchant, ancien conseiller d'État, vice-président; Dumoustier de Frédilly, chef du bureau de la propriété industrielle; Albert Gridet, sous-directeur au ministère de la marine; Ch. Lyon-Caen, professeur à la Faculté de droit de Paris, secrétaires; Barbedienne, fabricant de bronzes d'art; Émile Barrault, solliciteur de brevets d'invention; Christofle, fabricant d'orfèvrerie; Clunet, avocat à la cour d'appel de Paris, rédacteur en chef du *Journal de droit international privé*; Fumouze (Victor), juge au tribunal de commerce de la Seine; Huard (A.), avocat à la cour d'appel de Paris; Maillard (de) de Marafy, président du comité consultatif de l'Union des fabricants pour la protection internationale de la propriété industrielle; Meurand, ancien directeur des consulats; Nicolas, directeur du commerce intérieur; Pouillet (E.), avocat à la cour d'appel de Paris; Rendu (Ambroise), id.; Roger-Marvaise, sénateur, avocat à la cour de cassation; Thirion (Ch.), ingénieur civil, conseil en matière de propriété industrielle.

se préoccuper de ce qui se passe chez les autres. Puis, quand on a fixé sa jurisprudence, l'horizon s'agrandit nécessairement. On étudie, on compare les législations des pays voisins, et l'on arrive à l'étude du droit international. Depuis vingt ans, on se livre à ces études, qui ont pour résultat, non pas seulement un intérêt purement spéculatif, mais un rapprochement entre les peuples; c'est une œuvre de paix et de conciliation. »

Jusqu'à ces derniers temps, ce besoin de rapprochement n'avait reçu de satisfaction que par la conclusion de traités isolés conclus entre la France et diverses puissances; mais ces puissances, liées elles-mêmes à d'autres par des traités du même genre, n'étaient rattachées entre elles par aucun lien commun; elles avaient formé des alliances, elles ne formaient pas une union.

Et cependant, d'autres unions, telles que des unions postales, des unions monétaires, des unions pour les transports internationaux par chemin de fer, etc., etc., avaient été créées; elles étaient vivaces, prospères, et rendaient d'inappréciables services.

Cette idée d'une entente internationale, en matière de propriété industrielle, fut affirmée, pour la première fois d'une façon précise, à Vienne, lors du Congrès qui eut lieu dans cette ville, en 1873, à l'occasion de l'Exposition.

L'œuvre ébauchée à cette époque, et qui ne fut pas continuée, fut reprise, en 1878, par le Congrès qui s'organisa chez nous, au Trocadéro, au moment de notre Exposition universelle.

Pour diminuer l'importance des résolutions arrêtées par ce Congrès, certaines personnes qui, bien qu'elles en aient fait partie, ont sans doute négligé d'en relire les procès-verbaux, l'ont présenté comme une réunion de quelques avocats en chasse de causes et de quelques ingénieurs en quête de clientèles, qui auraient été absolument étrangers aux questions économiques et commerciales.

Or, voici quelle fut la composition de ce Congrès :

Il compta 484 adhérents, dont 107 avocats, jurisconsultes, économistes ou publicistes, 73 ingénieurs ou solliciteurs de brevets, 304 négociants ou industriels de France, d'Europe et de pays d'outre-mer.

On peut s'assurer, en se reportant à la liste de ces adhérents, que les représentants de ces diverses professions ne furent, ni les plus humbles, ni les plus obscurs.

Ajoutons à ce contingent 58 délégués de Chambres de commerce, Chambres syndicales, Tribunaux de commerce, Conseils de prudhommes, Sociétés savantes ou industrielles.

Au point de vue des savoirs et des compétences, ce Congrès offrit donc toutes les garanties désirables.

Au début de ses travaux, l'idée d'une entente internationale fut soulevée de nouveau dans une note qui fut déposée au nom de plusieurs Sociétés industrielles de l'Autriche et de la Bohême. Cette note comprenait une série de résolutions destinées à être soumises à l'approbation du Congrès. Le sommaire de la troisième de ces résolutions était ainsi conçu : « Vu la grande inégalité des lois de brevets d'invention présentés et le changement des relations commerciales internationales actuelles, il est d'une importance urgente que les gouvernements cherchent le plus tôt possible à amener un accord international sur la protection de la propriété industrielle. »

Ce sommaire était suivi de l'énumération de neuf dispositions que, suivant les auteurs de la note, il était désirable de voir introduire dans la législation des gouvernements, qu'ils proposaient de fédérer en une union internationale.

L'unification, au moins partielle de la législation en matière de propriété industrielle, était, comme on le voit, le but indiqué et poursuivi.

C'est également celui que poursuivent en ce moment les défenseurs de la propriété artistique et littéraire.

Ce n'est pas qu'on méconnût les difficultés de la tâche et la longueur de l'entreprise.

Ainsi que le disait, dans la séance du 6 septembre 1878, M. Charles Lyon-Caen, professeur à la Faculté de droit de Paris (1), « il ne faut pas espérer, dans l'état actuel des choses, arriver à avoir, dans tous les pays, des lois sur la propriété industrielle qui soient communes sur tous les points : c'est une utopie. Ce qu'on peut espérer seulement, c'est que les nations s'entendent pour avoir des lois communes sur les points principaux, et je crois que l'objet essentiel de ce Congrès est de déterminer ces points principaux sur lesquels les nations peuvent s'entendre. Ce qui rend impossible la confection de lois unifiées absolument, dans tous les pays, sur ces matières, c'est qu'elles se rattachent étroitement au droit civil, à la procédure civile, au droit commercial, au droit pénal et à la procédure criminelle. Il faudrait que toutes les branches de la législation fussent uniformisées pour qu'on pût unifier complètement les lois relatives à la propriété industrielle, et ce n'est pas possible. »

Voilà ce qui n'était pas possible ; mais ce qui l'était, c'était, comme le pensait M. Lyon-Caen, de se rapprocher, de s'unir, de s'entendre, afin d'arriver à un minimum d'unification : une fois le faisceau formé, une fois l'union établie, ce minimum pourrait

---

(1) Compte rendu du Congrès de la propriété industrielle. — Imprimerie nationale 1879, page 139.

s'agrandir, et peut-être, n'était-il pas téméraire d'espérer qu'un jour, grâce aux leçons de l'expérience, et aux concessions faites réciproquement par les créations concordataires, on parviendrait à réaliser ce qui alors était considéré comme une utopie.

A ces fins, les résolutions suivantes furent votées dans la séance du 11 septembre :

« Il sera créé une commission permanente chargée d'assurer dans les limites du possible la réalisation des propositions adoptées par le Congrès de la propriété industrielle.

« Un des buts de cette commission permanente créée par l'initiative privée, sera d'obtenir de l'un des gouvernements la réunion d'une Conférence internationale officielle, à l'effet de déterminer les bases d'une législation uniforme.

« Le Congrès décide qu'une délégation se présentera chez M. le ministre de l'agriculture et du Commerce de France, afin de le prier de prendre l'initiative pour qu'une commission internationale soit appelée à traiter officiellement les conditions relatives à une législation uniforme sur la propriété industrielle. »

Immédiatement après la clôture du Congrès, cette commission dont les membres furent répartis en sections nationales (1), se mit à l'œuvre, et dans deux séances tenues les 18 et 19 septembre 1878 elle adopta un avant projet de traité international, qui avait été préparé par M. Bodenheimer, membre du conseil des Etats de Berne.

Ce projet fut soumis à M. Teisserenc de Bort, alors ministre du commerce, et à M. Lepère, son successeur, par la section française de la commission, qui avait été investie des fonctions de comité exécutif.

Ces ministres chargèrent cette section d'extraire des résolutions ou vœux du Congrès ceux qui pourraient être immédiatement proposés à l'adoption des gouvernements.

Ce nouveau travail fut terminé dans le courant de l'année 1879.

Aussitôt après sa réception, le ministre le transmit aux puissances étrangères, et les invita à se réunir à Paris dans une Conférence internationale, qui s'occuperait de la préparation d'un traité d'union pour la protection de la propriété industrielle.

Dix-sept puissances ayant accepté cette invitation, cette Conférence se réunit au ministère des affaires étrangères, le 4 novembre 1880; ses travaux, qui occupèrent onze séances, furent terminés le 20.

---

(1) Nous avons indiqué plus haut la composition de la section française.

Ils aboutiront à un projet de convention, avec protocole, qui fut transmis au ministre des affaires étrangères.

Celui-ci le fit parvenir à toutes les puissances européennes et extraeuropéennes.

Le 6 mars 1883, les représentants de dix-neuf de ces puissances se réuniront de nouveau au ministère des affaires étrangères; onze d'entre elles déclarèrent adhérer à la convention; nous avons dit, précédemment, que d'autres puissances, la Tunisie, la République de l'Équateur, la République de Saint-Domingue, la Grande-Bretagne, la Suède et la Norwège ont envoyé ultérieurement leur adhésion.

Le Sénat et la Chambre des députés ont voté, sans débat, le projet de loi portant approbation de cette convention, qui est entrée en vigueur depuis le 7 juillet 1884.

Tel est l'historique de la convention du 20 mars 1883.

III

Teneur de la convention internationale du 20 mars 1883

La convention internationale du 20 mars 1883 se compose de dix-neuf articles; le protocole de clôture qui l'accompagne, en comprend sept.

Voici le texte des articles de la convention :

ARTICLE PREMIER.

Les gouvernements de .... sont constitués à l'état d'union pour la protection de la Propriété industrielle.

ART. 2.

Les sujets ou citoyens de chacun des États contractants jouiront, dans tous les autres États de l'Union, en ce qui concerne les brevets d'invention, les dessins ou modèles industriels, les marques de fabrique ou de commerce et le nom commercial, des avantages que les lois respectives accordent actuellement ou accorderont par la suite aux nationaux. En conséquence, ils auront la même protection que ceux-ci et le même recours légal contre toute atteinte portée à leurs droits, sous réserve de l'accomplissement des formalités et des conditions imposées aux nationaux par la législation intérieure de chaque État.

ART. 3.

Sont assimilés aux sujets ou citoyens des États contractants les sujets ou citoyens ne faisant pas partie de l'Union, qui sont domiciliés ou ont des établissements industriels ou commerciaux sur le territoire de l'un des États de l'Union.

Art. 4.

Celui qui aura fait régulièrement le dépôt d'une demande de brevet d'invention, d'un dessin ou modèle industriel, d'une marque de fabrique ou de commerce, dans l'un des États contractants jouira, pour effectuer le dépôt dans les autres États, et sous réserve des droits des tiers, d'un droit de priorité pendant les délais déterminés ci-après.

En conséquence, le dépôt ultérieurement opéré dans l'un des États de l'Union avant l'expiration de ces délais ne pourra être invalidé par des faits accomplis dans l'intervalle, soit, notamment, par un autre dépôt, par la publication de l'invention ou son exploitation par un tiers, par la mise en vente d'exemplaires du dessin ou du modèle, par l'emploi de la marque.

Les délais de priorité mentionnés ci-dessus seront de six mois pour les brevets d'invention, et de trois mois pour les dessins ou modèles industriels, ainsi que pour les marques de fabrique ou de commerce. Ils seront augmentés d'un mois pour les pays d'outre-mer.

Art. 5.

L'introduction pour le breveté, dans le pays où le brevet a été délivré, d'objets fabriqués dans l'un ou l'autre des États de l'Union, n'entraînera pas la déchéance.

Toutefois, le breveté restera soumis à l'obligation d'exploiter son brevet conformément aux lois du pays où il introduit les objets brevetés.

Art. 6.

Toute marque de fabrique ou de commerce régulièrement déposée dans le pays d'origine sera admise au dépôt et protégée telle quelle dans tous les autres pays de l'Union.

Sera considéré comme pays d'origine le pays où le déposant a son principal établissement.

Si ce principal établissement n'est point situé dans un des pays de l'Union, sera considéré comme pays d'origine celui auquel appartient le déposant.

Le dépôt pourra être refusé, si l'objet pour lequel il est demandé est considéré comme contraire à la morale ou à l'ordre public.

Art. 7.

La nature du produit, sur lequel la marque de fabrique ou de commerce doit être apposée, ne peut, dans aucun cas, faire obstacle au dépôt de la marque.

Art. 8.

Le nom commercial sera protégé dans tous les pays de l'Union, sans obligation de dépôt, qu'il fasse ou non partie d'une marque de fabrique ou de commerce.

Art. 9.

Tout produit portant illicitement une marque de fabrique ou de commerce, ou un nom commercial, pourra être saisi à l'importation dans ceux des États de l'Union dans lesquels cette marque ou ce nom commercial ont droit à la protection légale.

La saisie aura lieu à la requête, soit du ministère public, soit de la partie intéressée, conformément à la législation intérieure de chaque État.

Art. 10.

Les dispositions de l'article précédent seront applicables à tout produit portant faussement, comme indication de provenance, le nom d'une localité déterminée, lorsque cette indication sera jointe à un nom commercial fictif ou emprunté dans une intention frauduleuse.

Est réputée partie intéressée tout fabricant ou commerçant engagé dans la fabrication ou le commerce de ce produit, et établi dans la localité faussement indiquée comme provenance.

Art. 11.

Les hautes parties contractantes s'engagent à accorder une protection temporaire aux inventions brevetables, aux dessins ou modèles industriels, ainsi qu'aux marques de fabrique ou de commerce, pour les produits qui figureront aux Expositions internationales officielles ou officiellement reconnues.

Art. 12.

Chacune des hautes parties contractantes s'engage à établir un service spécial de la propriété industrielle et un dépôt central pour la communication au public des brevets d'invention, des dessins ou modèles industriels et des marques de fabrique ou de commerce.

Art. 13.

Un office international sera organisé sous le titre de : *Bureau international de l'Union pour la protection de la propriété industrielle.*

Ce bureau, dont les frais seront supportés par les administrations de tous les États contractants, sera placé sous la haute autorité de l'administration supérieure de la Confédération suisse, et fonctionnera sous sa surveillance. Les attributions en seront déterminées d'un commun accord entre les États de l'Union.

Art. 14.

La présente convention sera soumise à des révisions périodiques, en vue d'y introduire les améliorations de nature à perfectionner le système de l'Union.

A cet effet, des conférences auront lieu successivement, dans l'un des États contractants, en're les délégués desdits États.

La prochaine réunion aura lieu en 1885, à Rome (1).

---

(1) Cette réunion a été ajournée à 1886.

Art. 15.

Il est entendu que les hautes parties contractantes se réservent respectivement le droit de prendre séparément, entre elles, des arrangements particuliers pour la protection de la propriété industrielle, en tant que ces arrangements ne contreviendraient point aux dispositions de la présente convention.

Art. 16.

Les États qui n'ont point pris part à la présente convention seront admis à y adhérer sur leur demande.

Cette adhésion sera notifiée par la voie diplomatique au gouvernement de la Confédération suisse, et par celui-ci à tous les autres.

Elle emportera, de plein droit, accession à toutes les clauses et admission à tous les avantages stipulés par la présente convention.

Art. 17.

L'exécution des engagements réciproques contenus dans la présente convention est subordonnée, en tant que besoin, à l'accomplissement des formalités et règles établies par les lois constitutionnelles de celles des hautes parties contractantes qui sont tenues d'en provoquer l'application, ce qu'elles s'obligent à faire dans le plus bref délai possible.

Art. 18.

La présente convention sera mise à exécution dans le délai d'un mois à partir de l'échange des ratifications, et demeurera en vigueur pendant un temps indéterminé, jusqu'à l'expiration d'une année à partir du jour où la dénonciation en sera faite.

Cette dénonciation sera adressée au gouvernement chargé de recevoir les adhésions. Elle ne produira son effet qu'à l'égard de l'État qui l'aura faite, la convention restant exécutoire pour les autres parties contractantes.

Art. 19

La présente convention sera ratifiée, et les ratifications en seront échangées à Paris, dans le délai d'un an au plus tard.

Du protocole de clôture, qui accompagne cette convention, il convient de reproduire les six premiers articles, ainsi que les 6ᵉ et 8ᵉ paragraphes de l'article 6 :

I. — Les mots *propriété industrielle* doivent être entendus dans leur acception la plus large, en ce sens qu'ils s'appliquent non seulement aux produits de l'industrie proprement dite, mais également aux produits de l'agriculture (vins, grains, fruits, bestiaux, etc.) et aux produits minéraux livrés au commerce (eaux minérales, etc.)

II. — Sous le nom de brevets d'invention sont comprises les diverses espèces de brevets industriels admises par les législations des États contractants, telles que brevet d'importation, brevets de perfectionnement, etc.

III.— Il est entendu que la disposition finale de l'article 2 de la convention ne porte aucune atteinte à la législation de chacun des Etats contractants, en ce qui concerne la procédure suivie devant les tribunaux et la compétence de ces tribunaux.

IV. — Le paragraphe premier de l'article 6 doit être entendu en ce sens qu'aucune marque de fabrique ou de commerce ne pourra être exclue de la protection dans l'un des Etats de l'Union par le fait seul qu'elle ne satisferait pas, au point de vue des signes qui la composent, aux conditions de la législation de cet Etat, pourvu qu'elle satisfasse, sur ce point, à la législation du pays d'origine et qu'elle ait été, dans ce dernier pays, l'objet d'un dépôt régulier. Sauf cette exception, qui ne concerne que la forme de la marque, et sous réserve des autres articles de la convention, la législation intérieure de chacun des Etats recevra son application.

Pour éviter toute fausse interprétation, il est entendu que l'usage des armoiries publiques et des décorations peut être considéré comme contraire à l'ordre public, dans le sens du paragraphe final de l'article 6.

V. — L'organisation du service spécial de la propriété industrielle mentionné à l'article 12 comprendra, autant que possible, la publication, dans chaque Etat, d'une feuille officielle périodique.

VI. — ..... Le Bureau international centralisera les renseignements de toute nature relatifs à la protection de la propriété industrielle, et les réunira en une statistique générale, qui sera distribuée à toutes les administrations. Il procédera aux études d'utilité commune intéressant l'Union et rédigera, à l'aide des documents qui seront mis à sa disposition par les diverses administrations, une feuille périodique, en langue française, sur les questions concernant l'objet de l'Union (1).

.... Le Bureau international devra se tenir en tout temps à la disposition des membres de l'Union pour leur fournir, sur les questions relatives au service de la propriété industrielle, les renseignements spéciaux dont ils pourraient avoir besoin.

IV

Mesures réclamées contre la convention

Telle est, dans son ensemble et dans ses détails, la convention internationale, contre laquelle, après quelques mois d'existence, et avant même que l'expérience ait pu en être faite complètement, quelques personnes ont essayé d'ameuter les Chambres de commerce.

Grâce aux incitations dont elles ont été l'objet, quelques-unes

---

(1) Ce bureau est établi à Berne; il a commencé, au mois de janvier dernier, la publication de la feuille périodique, dont la rédaction lui incombe.

de ces Chambres, se fiant aveuglément aux conseils qui leur étaient donnés, se sont empressées de demander, non seulement qu'on révise tel ou tel article de cette convention, ce qui serait possible, d'après l'article 14, mais qu'on la dénonce purement et simplement dans son entier.

Nous croyons qu'il nous sera facile de démontrer que, si ces Chambres n'ont pas été trompées volontairement ou involontairement par certains détracteurs de la convention, elles se sont au moins trompées, et que les mesures qu'elles réclament causeraient un énorme préjudice aux intérêts qu'elles veulent servir.

Un fait, qui paraît avoir exercé une certaine influence sur quelques-unes de ces Chambres, c'est le tort qu'on aurait eu de ne pas soumettre, au préalable, cette convention à leur examen : en agissant ainsi, on aurait porté atteinte à leurs prérogatives, j'allais dire à leurs droits.

A cet égard, il faut s'entendre.

Le décret du 3 septembre 1851 n'impose pas au gouvernement l'obligation de demander, dans tous les cas, l'avis des Chambres de commerce; s'il peut le demander, il n'y est pas tenu. Rien ne s'oppose, d'ailleurs, à ce que, sans y être provoquées, ces Chambres adressent au gouvernement les avis qu'elles jugent convenables.

On s'explique, au surplus que, dans la circonstance, le gouvernement ait cru pouvoir se dispenser de cette consultation.

Dès 1878, ces Chambres avaient été averties ; on se rappelle la circulaire et le programme qui leur avaient été adressés ; quelques-unes s'étaient fait représenter au Congrès de la propriété industrielle.

En 1880, leur attention avait pu se porter sur les travaux de la Conférence internationale, qui avaient reçu une suffisante publicité ; c'était, pour elles, un nouvel avertissement.

A cette époque, et, à plus forte raison, en 1883, époque à laquelle la Convention a été conclue, les renseignements ne manquaient pas ; ils abondaient dans les mémoires, notes ou écrits qui avaient été adressés au Congrès de la propriété industrielle ; ils abondaient dans les procès-verbaux de ce Congrès et dans ceux de la Commission permanente. Pendant plusieurs années, toutes les questions abordées dans la convention avaient été discutées sous toutes leurs faces ; toutes les opinions s'étaient produites ; on ne s'aventurait pas à tâtons, on marchait sur une route largement éclairée.

Il n'y a donc eu, ni manœuvre, ni surprise : l'œuvre commencée par le gouvernement français, et menée par lui, à bonne fin, a été le résultat d'une étude consciencieuse et réfléchie; et si, comme dans tout traité diplomatique, on a dû faire certaines concessions pour obtenir certains avantages, on va voir, d'une part, que ces concessions ne nuisent réellement pas aux intérêts français, et qu'en revanche, ces avantages ont pour ces intérêts une importance considérable.

V

La Convention n'est pas critiquée dans toutes ses parties

Un point à retenir tout d'abord, c'est que tous les articles de la convention ne sont pas critiqués par ses détracteurs. Sur les dix-neuf dont elle se compose, les articles 1, 2, 3, 4, 5, 9, 10 et 16 sont seuls attaqués; les onze autres paraissent acceptables : quelques-uns même semblent dignes d'une approbation sans réserve.

Aussi la Chambre de commerce de Paris, qui s'est mise à la tête de la croisade, ne demande-t-elle pas principalement la dénonciation de la convention; elle se borne à demander la révision de ces derniers articles; et c'est seulement, dans le cas où cette révision ne pourrait être obtenue, qu'elle conclut à la dénonciation du traité.

Voyons donc ce que sont les articles critiqués; nous verrons ainsi ce que la France perdrait à la dénonciation.

VI

Articles non critiqués

Les articles non critiqués, nous laissons de côté ceux qui n'ont qu'une importance secondaire ou un intérêt transitoire, sont relatifs : aux marques de fabrique et de commerce (art. 6 et 7); au nom commercial (art. 8); à la protection, dont les inventions brevetables, les dessins ou modèles industriels, les marques de fabrique ou de commerce doivent être l'objet lors des expositions universelles (art. 11); à l'établissement d'un service spécial et d'un dépôt central de la propriété industrielle (art. 12); à l'organisation d'un bureau international (art. 13); aux révisions périodiques de la convention (art. 10).

§ 1

MARQUES DE FABRIQUE ET DE COMMERCE

Les dispositions relatives aux marques sont contenues dans les articles 6 et 7.

L'article 6 déclare d'une façon générale que toute marque de fabrique ou de commerce régulièrement déposée dans le pays d'origine, c'est-à-dire dans le pays où le déposant a son principal établissement, ou dont il est originaire, doit être admise au dépôt et protégée *telle, quelle* dans tous les autres pays de l'Union.

Le dépôt ne pourrait être refusé que si dans le pays, où il doit être effectué, l'objet pour lequel il est demandé pouvait être considéré comme contraire à la morale ou à l'ordre public.

L'article 7 ajoute que la nature du produit, sur lequel la marque doit être apposée, ne peut, dans aucun cas, faire obstacle au dépôt de la marque.

Il faut rapprocher de ces articles l'article 1er du protocole, qui porte que les mots *Propriété industrielle* doivent être entendus dans leur acception la plus large, en ce sens qu'ils s'appliquent non seulement aux produits de l'industrie proprement dite, mais également aux produits de l'agriculture (vins, grains, fruits, bestiaux, etc.) et aux produits minéraux livrés au commerce (eaux minérales, etc.).

Pour faire comprendre l'importance de ces articles, il convient de rappeler l'état des choses antérieur à la conclusion de la convention.

La marque est, on l'a dit souvent, la signature du fabricant et du commerçant. Pour qu'elle distingue le produit auquel elle doit être appliquée, pour qu'elle empêche les confusions, pour qu'elle acquière une notoriété, pour qu'elle incarne la personnalité de son propriétaire, pour qu'elle lui vaille une protection efficace, l'unité de cette marque n'est pas une condition moins essentielle que la possibilité du dépôt dans tous les pays avec lesquels ce fabricant ou ce commerçant entretiennent des relations : il faut que dans tous ces pays cette marque puisse d'abord être admise au dépôt, et qu'ensuite elle y soit admise telle qu'elle a été déposée dans le pays d'origine.

Grâce à la convention du 20 mars 1883, ce qui, à ce point de vue, était l'exception, va devenir la règle.

Nous avons parlé de l'unité de la marque.

La difficulté d'arriver à cette unité provient de la diversité des législations sur la matière.

Tandis que la loi française du 23 juin 1857, très large, très facile, interprétée par une jurisprudence très libérale, admet comme marques, non seulement tous les signes servant à distinguer les produits d'une fabrique ou les objets d'un commerce, toutes les dénominations, mais encore les combinaisons de couleurs, les aspects d'ensemble, et même la simple forme des produits, tandis que cette loi admet que tous les produits peuvent être protégés par une marque, les lois d'autres pays sont infiniment plus restrictives.

C'est ainsi que les marques composées exclusivement de lettres, de chiffres ou de mots, ne sont pas admises en Allemagne, en Autriche, au Brésil, dans les Républiques Argentine et Orientale; que la loi allemande exclut du droit de déposer une marque tous ceux qui ne sont pas inscrits au registre du commerce; que les lois de l'Autriche, de l'Espagne, de la Suède et Norwège, des Etats-Unis de Colombie ne protègent que la marque du fabricant, mais non celle du négociant, et que la loi brésilienne ne protège pas celle de l'agriculteur.

Lorsque, grâce à des conventions diplomatiques, les étrangers étaient simplement assimilés aux nationaux, on voit les éventualités auxquelles les propriétaires de marques étaient exposés. Appartenaient-ils à des pays, où la marque composée de lettres, de chiffres ou de mots est admis, il fallait qu'ils en adoptassent une autre pour ceux dans lesquels ces marques sont refusées. Étaient-ils agriculteurs, dans beaucoup de pays ils ne pouvaient obtenir de protection.

Quelques gouvernements s'étaient préoccupés de cette situation, et la France était parvenue à conclure avec trois nations la Belgique, l'Italie et la Russie des traités, par suite desquels les marques régulièrement déposées dans le pays d'origine, devaient être admises telles quelles au dépôt dans l'autre pays: mais ce n'était là qu'une exception.

Grâce à la convention de 1883, ces avantages seront désormais assurés à nos nationaux dans huit nouveaux pays.

On ne saurait trop insister sur l'importance des avantages ainsi obtenus.

Comme nous l'avons dit, la marque de fabrique est la véritable signature industrielle du négociant, la seule qui soit connue du consommateur. Or, les traités, qui se bornent à garantir aux étrangers les mêmes droits qu'aux nationaux, ont pour résultat d'autoriser juridiquement, dans un grand nombre de pays, la contrefaçon même servile d'une foule de marques françaises des plus estimées, celles notamment qui consistent en une *dénomination* de fantaisie, mode de désignation personnelle de plus en plus employée avec grande raison, puisqu'il supprime le danger des homonymies. La presque totalité des législations étrangères n'accorde en effet à la dénomination de fantaisie aucune protection contre les imitations les plus effrontées ; il en résulte qu'aucune revendication, sauf sur des points bien restreints, ne peut être exercée de ce chef par le commerce français hors de nos frontières. L'Union de la propriété industrielle a mis fin à cette iniquité sur le territoire des contractants.

) Un non moins grand avantage de cette admission forcée de la marque, c'est que la formalité de l'examen préalable se trouve supprimé *ipso facto* pour les français dans les pays de l'Union où cet examen fonctionne, et où il est devenu une occasion, souvent de spoliations légales, quelquefois de chantages, et le plus fréquemment de vexations insupportables. Aux prétentions du bureau étranger, qui veut refuser l'enregistrement d'une marque, nos fabricants n'ont plus qu'à répondre que le dépôt a eu lieu régulièrement en France ; cela coupe court à toute difficulté.

C'est ici qu'il convient de faire ressortir la portée de l'article 7 de la convention, qui achève de détruire les détestables effets de l'examen préalable en matière de marque. Cet article consacre l'indépendance absolue de la marque et du produit auquel elle doit s'appliquer.

Dans certains pays, on refuse le dépôt d'une marque, bien que parfaitement conforme à la loi, sous prétexte que le produit, auquel elle est destinée, ne peut être introduit par suite de telle ou telle prohibition, légale, douanière, ou même personnelle au propriétaire de ladite marque. Le dépôt étant ainsi rendu impossible temporairement, quand il ne l'est pas perpétuellement, la contrefaçon intérieure s'empare impunément de la marque, soit pour la faire tomber dans le domaine public, soit pour en faire l'objet d'une appropriation exclusive. Le jour où l'obstacle est levé, il est trop tard, la marque est perdue. Il serait trop long d'énumérer tous les cas, dans lesquels des faits aussi préjudiciables à notre commerce ont été constatés : ils sont presque innombrables.

Grâce à l'article 7 de la convention, le négociant français peut assurer ses droits par un dépôt qui ne saurait lui être refusé ; le jour où l'introduction du produit devient possible, il jouit sans conteste de l'intégralité de son droit privatif. Si pendant la période d'attente une contrefaçon se révèle, elle peut être immédiatement réprimée. Enfin, si la prohibition est de nature à être indéfiniment maintenue, le fabricant français peut, en renouvelant son dépôt, étouffer un foyer de contrefaçon, qui pourrait, en rayonnant dans d'autres pays, lui causer le plus grave préjudice.

L'adoption de ces articles de la convention a produit dans certains des pays concordataires ce singulier effet que les français y sont mieux traités que les nationaux; tels sont, par exemple, les pays dans lesquels on n'admet pas les marques qui consistent en dénomination ou qui sont composées exclusivement de mots, de chiffres ou de lettres.

Cette inégalité de traitement a donné lieu à des réclamations, qui ont abouti à une modification de diverses législations. C'est ainsi qu'en Angleterre, en Suisse, en Portugal, les lois sur les marques ont été révisées dans le sens libéral de notre loi du 23 juin 1857; il en sera vraisemblablement de même en Espagne, si l'on en juge par le projet de loi actuellement en délibération.

Nous ne saurions trop insister sur ces résultats, qui démontrent l'utilité d'une union internationale pour la protection de la propriété industrielle, et la supériorité de ce régime sur celui des traités isolés.

L'un des effets immédiats et inéluctables de cette union, c'est d'obliger les contractants attardés à modifier leur législation intérieure dans le sens de celle qui réalise la plus grande somme d'avantages; car l'un des principes essentiels de cet accord est une sorte de statut personnel, qui prend pour base, dans le pays d'importation, les droits assurés dans le pays de provenance. Il arrive ainsi, comme nous l'avons fait observer, que les étrangers peuvent avoir un traitement plus favorable que les nationaux; d'où un pressant besoin pour ces derniers d'obtenir le traitement de l'étranger le plus favorisé, c'est-à-dire de celui qui appartient à une nation dotée de la législation la plus libérale et la plus perfectionnée.

Il est difficile de concevoir un mécanisme plus pratique pour pousser les peuples dans la voie du progrès.

On entrevoit d'ailleurs le résultat auquel cette voie doit nécessairement conduire ceux qui s'y engagent : ce résultat, c'est cette unité de législation, qualifiée dédaigneusement de chimère par les détracteurs de la convention, et qui, en moins de deux ans, est déjà devenue sur quelques points une réalité.

§ II

NOM COMMERCIAL

Aux termes de l'article 8 de la convention le nom commercial doit être protégé dans tous les pays de l'Union, sans obligation de dépôt, qu'il fasse ou non partie d'une marque de fabrique ou de commerce.

A ce second point de vue, les avantages acquis à notre industrie et à notre commerce sont peut-être encore plus considérables.

Tout négociant a un nom, sous lequel il fait le commerce; ce nom est souvent le seul signe de ralliement pour sa clientèle.

Or, sauf en Italie, où la loi est formelle, et chez les peuples anglo-saxons, où le droit coutumier est assez équitable, mais l'équité n'est pas le droit (1), il n'est aucun pays, en dehors de la Confédération helvétique, avec laquelle il existe une condition de réciprocité; il n'existe aucun pays où un négociant français puisse revendiquer la propriété de son nom, si ce n'est en vertu d'une jurisprudence, qui pourrait faire place à une jurisprudence contraire, si des faits semblables à ceux que nous allons rappeler se reproduisaient en France.

Quant aux conventions entre la France et les nations étrangères, elles sont muettes sur la protection réciproque du nom commercial. Comme nous venons de le dire, il n'existe d'exception que pour la convention franco-suisse; exception périlleuse, car elle fournirait, le cas échéant, un argument décisif aux tribunaux étrangers, le jour où il leur conviendrait de refuser à nos nationaux le droit de poursuivre l'usurpation de leur nom. C'est cette situation incertaine, précaire, pleine de dangers, que la convention de 1883 a remplacée par une situation nette, solide, pleine de sécurité; car cette sécurité repose sur la reconnaissance de la propriété du nom commercial, sans obligation de dépôt, que ce nom fasse ou non partie d'une marque.

Quelques personnes, qui sont peu au courant de la question au point de vue international, et qui n'ont pas suivi les vicissitudes par lesquelles elle a passé durant ces dernières années, croient que l'article 8 de la convention est un article de pur style, qui n'a pour ainsi dire qu'un sens explétif. La vérité est qu'il faudrait un volume pour expliquer, documents en mains, l'origine et la portée de la disposition finale de cet article, qui semble entachée d'une sorte de redondance.

A défaut d'un volume, nous consacrerons quelques lignes à cette explication.

Dans nombre de pays, le commerçant est tenu de faire enregistrer son nom sur un registre spécial, quand il commence les affaires.

Or, dans ces pays, il n'est guère de procès où le contrefacteur poursuivi par un Français n'allègue comme moyen de défense

---

(1) En Angleterre, un arrêt de la cour de Chancellerie a décidé que le domaine public a pu valablement s'emparer du nom de Liebig.

que celui-ci ne peut prétendre à aucune protection légale, parce que le nom revendiqué n'a pas été enregistré dans un registre de commerce. En Allemagne, cette thèse a été soutenue avec acharnement et n'a été résolue en faveur de nos nationaux que grâce à une jurisprudence bienveillante. Il faut espérer que cette jurisprudence est bien fixée; mais la jurisprudence n'est pas immuable. A l'avenir, un semblable revirement de jurisprudence ne sera à redouter dans aucun des Etats de l'Union.

Voilà la portée de ces mots : « Sans obligation de dépôt. »

Ceux qui terminent l'article « qu'il fasse ou non partie d'une marque de fabrique ou de commerce » ont une portée encore plus grande.

Leur introduction a été motivée par des raisons d'ordres divers, dont quelques-uns touchent aux plus graves intérêts de notre commerce.

De 1877 à 1880, un procès, qui a eu retentissement considérable, et qui avait été intenté par une maison allemande d'Aix-la-Chapelle contre une maison de Paris, a porté sur la question de savoir si un nom commercial incorporé dans une marque peut tomber dans le domaine public, quand cette marque y tombe. La cour de Paris s'étant prononcée pour l'affirmative, le gouvernement allemand s'émut, et adressa au gouvernement français plusieurs notes pour attirer son attention sur les conséquences qu'une pareille doctrine aurait pour les Allemands, dont les marques dépourvues de protection en France jusqu'à ces derniers temps, pouvaient en grand nombre y être considérées comme banales, alors que la raison sociale faisant partie de ces marques constituait en Allemagne une propriété non discutable et non discutée.

Frappé par ces considérations, qui s'appliquaient par réciprocité à un grand nombre de marques et de raisons sociales françaises, le garde des sceaux invita le procureur général près la Cour de cassation, c'était alors le respectable M. Bertauld, à solliciter de la cour suprême, qui avait été saisie d'un pouvoir contre l'arrêt de la cour de Paris, un examen approfondi de la question. Cet examen ne fut malheureusement pas favorable au pourvoi, et la Chambre des requêtes, par un arrêt du 13 janvier 1880, décida que l'étiquette de la maison Veuve Etienne Beissel et fils, considérée dans l'ensemble de ses éléments, *y compris le nom et la raison sociale*, ne représentait qu'une marque de fabrique, et que cette raison sociale n'était dans l'espèce que l'un des éléments d'une marque tombée dans le domaine public.

Le gouvernement français ayant fait tout ce qui était en son pouvoir, le gouvernement allemand s'inclina; mais il y avait un intérêt considérable à profiter de la première occasion, pour protester législativement contre une jurisprudence périlleuse, qui pourrait amener de terribles représailles (1).

Ce résultat a été obtenu par l'adoption de l'article 8 de la convention. Par suite de cette adoption, les noms commerciaux et les raisons de commerce de nos nationaux ont acquis une plus-value incontestable, en même temps que l'horizon a été débarrassé, en partie au moins, de dangereuses éventualités de complications diplomatiques.

§ III

PROTECTION ACCORDÉE AUX INVENTIONS BREVETABLES, AUX DESSINS ET MODÈLES INDUSTRIELS, AUX MARQUES DE FABRIQUE ET DE COMMERCE, LORS DES EXPOSITIONS UNIVERSELLES.

L'idée d'accorder une protection spéciale aux objets énumérés dans le titre du présent paragraphe n'est point nouvelle dans notre législation.

Voici en quoi consiste cette protection :

Deux lois, en date des 2 mai 1855 et 3 avril 1867, rendues à l'occasion des Expositions universelles, qui ont eu lieu en France à ces deux époques, ont accordé à l'auteur, soit d'une découverte ou invention susceptible d'être brevetée, soit d'un dessin de fabrique, quand cet auteur est admis à une exposition, le droit de se faire délivrer par l'autorité administrative compétente un certificat descriptif de l'objet exposé. Ce certificat assure à celui qui l'a obtenu les mêmes droits que lui auraient conférés un brevet d'invention ou un dépôt légal de dessin, à dater de l'admission à l'Exposition jusqu'à un certain délai après la clôture.

Ces lois spéciales, comme nous l'avons vu, aux Expositions de 1855 et de 1867, ont été remplacées par une loi générale du 23 mai 1868, qui a été faite pour toutes les Expositions présentes et futures.

L'idée a été reprise, en 1878, au point de vue international, lors du Congrès de la propriété industrielle, et voici en quels termes l'un des orateurs qui prirent part à la discussion, justifiait ces dispositions législatives (2) :

« Un inventeur est surpris par l'annonce d'une Exposition.

---

(1) Par un arrêt du 4 février 1880 la cour de Bruxelles a décidé que le nom commercial incorporé dans une marque n'est pas protégé, comme nom, par l'art. 191 du Code pénal belge.

(2) Séance du 7 septembre 1878; procès-verbaux, p. 153.

Il ne veut pas, où ne peut pas, — on a vu des inventeurs qui étaient pauvres, — il ne veut pas ou ne peut pas prendre de brevet avant que l'Exposition soit ouverte.

« Les législateurs, dans différents pays, ont pensé qu'il fallait tendre la main à cet inventeur, lui ouvrir la porte de l'Exposition et ne pas le livrer pieds et poings liés à la contrefaçon. On lui a accordé une véritable faveur; on a décidé qu'il aurait le droit de participer à l'Exposition, de produire son invention, et on a ajouté qu'il serait, pendant cette exposition, protégé comme s'il avait un brevet. On lui a accordé un certificat provisoire, qui a été créé en France, adopté en Autriche et en Angleterre, et à l'abri duquel l'inventeur trouve toute garantie efficace. »

Il résulte des communications faites au congrès, qu'en 1855, il avait été délivré 500 de ces certificats en chiffres ronds ; qu'en 1867, il en avait été délivré 350 ; en 1878, il en a été délivré 850.

À la suite de la discussion engagée à cette occasion, la résolution suivante fut votée par le Congrès (1) : « Il y a lieu d'accorder une protection provisoire aux inventions brevetables, aux dessins et modèles industriels, ainsi qu'aux marques de fabrique ou de commerce, figurant aux Expositions internationales, officielles ou officiellement autorisées. »

Comme on le voit, cette résolution demandait l'extension aux modèles industriels, ainsi qu'aux marques, de la protection, qui précédemment ne s'accordait qu'aux brevets et aux dessins : cette extension ne souffrit aucune difficulté.

En conformité de cette résolution, une disposition de ce genre a été insérée dans la loi du 5 juillet 1881, relative à l'Exposition universelle d'électricité; c'est cette disposition, qui a trouvé place dans l'article 12 de la convention internationale du 20 mars 1883.

Sur ce point, comme sur ceux que nous venons d'examiner, nul ne récrimine, tout le monde approuve.

§ IV

ÉTABLISSEMENT D'UN SERVICE SPÉCIAL POUR LA PROPRIÉTÉ INDUS-
TRIELLE ET D'UN DÉPOT CENTRAL. — ORGANISATION D'UN BUREAU
INTERNATIONAL.

Qui pourrait se plaindre de l'engagement pris par les États contractants d'établir un service spécial de la Propriété industrielle et un dépôt *central* pour la communication au public des

---

(1) *Ib.*, p. 158.

brevets d'invention, des dessins ou modèles industriels et des marques de fabrique ou de commerce?

A cet égard, la Grande-Bretagne et les Etats-Unis nous offrent des exemples que nous ferons bien de suivre; nous n'avons guère qu'à copier l'organisation de leurs *Patent's offices*.

Quant aux dépôts centraux, il en existe, indépendamment de Londres et de Washington, à Turin, à Saint-Pétersbourg, au Canada.

Il faut convenir que, sur tous ces points, nous sommes fort en arrière de beaucoup d'autres pays, et que le service de notre propriété industrielle laisse beaucoup à désirer.

On se plaint avec raison de la lenteur et de l'insuffisance de la publication des brevets.

Aux termes de l'article 11 de la loi du 5 juillet 1844, les brevets délivrés doivent être proclamés tous les trois mois. Cette publication est devenue plus fréquente depuis la récente création du *Bulletin officiel de la propriété industrielle*, qui paraît chaque semaine.

Mais ces publications ne portent que sur les titres des brevets. Quant aux descriptions et aux dessins, ils ne doivent, d'après l'article 24 de la même loi, être publiés, soit textuellement, soit par extrait, qu'après le paiement de la seconde annuité (1).

Il n'existe pas de dépôt central pour la communication des brevets au public : jusqu'à leur expiration, les descriptions, dessins, échantillons et modèles des brevets délivrés restent déposés au ministère du commerce; à leur expiration, ces documents sont transmis au Conservatoire des arts et métiers : on comprend les inconvénients qui résultent de cette dualité de dépôts.

C'est également au Conservatoire que les marques de fabrique et de commerce sont déposées; mais « les moyens de recherches étant complètement insuffisants, on peut dire que toute vérification rigoureuse est à peu près impossible (2). »

Quand aux dessins et aux modèles industriels, l'article 15 de la loi du 18 mars 1806, qui régit encore la matière, se borne à exiger le dépôt, aux archives d'un Conseil de prud'hommes (3),

---

(1) Le *Bulletin officiel* publie également les marques récemment déposées; c'est là un progrès sérieux.

(2) De Maillard de Marafi. Rapport présenté au Congrès de la propriété industrielle de 1878, au nom de la section des marques de fabrique et de commerce; procès verbaux, page 93.

(3) Quand il n'existe pas de Conseil de prud'hommes, le dépôt s'effectue au greffe du tribunal de commerce.

d'un échantillon plié sous une enveloppe, revêtue du cachet et de la signature du déposant. Ce mode de dépôt secret, en un seul exemplaire, qui doit s'effectuer dans le ressort, soit du lieu de la fabrique, soit du domicile du déposant, exclut toute possibilité d'un dépôt central, et le rend d'ailleurs sans intérêt. Ma proposition de loi sur les dessins et modèles industriels, votée par le Sénat, et présentement soumise à la Chambre des députés, fait cesser cette situation : elle exige le dépôt en triple exemplaire, dont l'un doit être envoyé à un dépôt central désigné à cet effet par le ministre du commerce.

On voit, à ces divers points de vue, combien il nous reste à faire; mais il est impossible que cela ne se fasse pas, puisqu'un engagement a été pris par la France, comme par les autres pays signataires de la convention de 1883.

Quant à l'organisation d'un bureau central, présentement installé à Berne, qui, d'après l'article 6 du protocole joint à la convention, est destiné à centraliser les renseignements de toute nature relatifs à la propriété industrielle, à les réunir en une statistique générale, qui sera distribuée à toutes les administrations de l'Union, à procéder aux études d'utilité commune, à rédiger, à l'aide des documents qui seront mis à sa disposition, une feuille périodique concernant l'objet de l'Union, à se tenir en tout temps à la disposition de ses membres, pour leur fournir, sur les questions relatives au service de la propriété industrielle, les renseignements spéciaux dont ils pourraient avoir besoin, qui donc aussi pourrait s'en plaindre ?

Quelques détracteurs de la convention de 1883 ont essayé de s'égayer aux dépens de ce bureau international et de la feuille périodique, dont il a commencé la publication au mois de janvier dernier (1)?

Sans doute, cette publication modeste n'a pas encore rendu les services qu'on est en droit d'en attendre.

Mais, avec le temps, elle recevra les améliorations et les développements dont elle est susceptible.

Ce qu'il y a de certain, c'est qu'au point de vue qui nous occupe, la convention de 1883 n'est pas demeurée stérile.

Un arrêté royal du 21 octobre 1884 a organisé en Belgique un service spécial de la propriété industrielle; une ordonnance royale du 9 septembre précédent l'avait déjà organisé en Italie; il l'a été, en Suisse, par un arrêté du Conseil fédéral du

---

(1) La *Propriété industrielle*, organe officiel du bureau international de l'Union pour la protection de la propriété industrielle.

25 novembre suivant; en Hollande, par un arrêté royal du 19 janvier 1885. Les Pays-Bas, par une loi du 22 juillet 1885, sur les marques de fabrique et de commerce, et la Grande-Bretagne, par une autre loi du 14 août suivant, sur les brevets, ont apporté à leur législation diverses modifications destinées à la mettre en harmonie avec la convention.

Le mouvement est donné; il est impossible que la France recule; il faut absolument qu'elle marche.

§ V

RÉVISIONS PÉRIODIQUES

L'article 14 de la convention la déclare soumise à des révisions périodiques, en vue d'y introduire les améliorations de nature à perfectionner le système de l'Union.

A cet effet, ajoute l'article, des conférences auront lieu successivement, dans l'un des États contractants, entre les délégués desdits États.

La première de ces réunions devait avoir lieu à Vienne, en 1883. L'Autriche n'ayant pas encore adhéré à la Convention, cette réunion ne pouvait évidemment avoir lieu dans cette ville : elle a été remise à 1886, et c'est à Rome qu'elle doit avoir lieu.

Inutile de dire que ces dispositions n'ont rencontré que des approbations.

VII

Articles critiqués.

Voilà la série des articles non critiqués; voilà, par conséquent, tous les avantages qui, en cas de dénonciation de la convention, seraient irrévocablement perdus pour notre commerce et notre industrie.

Nous en avons fini avec les éloges; le moment est venu de parler des critiques.

Des dix-neuf articles dont se compose la convention de 1883, les derniers (15, 17, 18 et 19) sont ce qu'on peut appeler des articles de forme; les quatorze premiers et le seizième sont, au contraire, des articles de fond.

De ces quinze articles, sept ont reçu l'approbation générale; ce sont ceux sur lesquels nous venons de nous expliquer.

Des critiques, au contraire, ont été dirigées contre les huit autres, qui sont relatifs : à la constitution de l'Union pour la propriété industrielle (art. 1); à l'assimilation aux sujets ou citoyens de chacun des Etats contractants des sujets ou citoyens des Etats ne faisant pas partie de l'Union, qui sont domiciliés ou ont des établissements industriels ou commerciaux sur le territoire de l'un de ces Etats (art. 2 et 3); aux délais de priorité accordés en matière de dépôts de demandes de brevets d'invention, de dessins ou modèles industriels, de marques de fabrique ou de commerce (art. 4); à l'introduction par le breveté dans le pays où le brevet a été délivré, d'objets fabriqués dans l'un ou l'autre des Etats de l'Union (art. 5); au droit de saisie des produits revêtus de marques illicites (art. 9 et 10); à la clause qui admet les Etats qui n'ont point pris part à la convention à y adhérer sur leur demande (art. 16).

§ I

CONSTITUTION DE L'UNION POUR LA PROTECTION DE LA PROPRIÉTÉ INDUSTRIELLE

La constitution de l'Union, proclamée par l'article 1er de la convention, n'est pas, à vrai dire, critiquée d'une façon absolue; les autres unions, constituées en vue des monnaies, des postes, des télégraphes, des chemins de fer, etc., ont rendu de trop grands services, pour qu'on songe à nier entièrement ceux que celle-ci est appelée à rendre.

Il est impossible, en effet, de méconnaître, au point de vue du progrès des relations internationales, la supériorité de ces traités fédératifs sur les traités isolés. Ainsi réunies par un lien commun, les nations fédérées ont moins de tendance à le rompre; la force de l'association remplace la faiblesse de l'isolement; bon gré mal gré, il faut que les retardataires se mettent au pas; ils y sont déterminés, tantôt par le stimulant de l'exemple, souvent par les suggestions de l'intérêt. Cette union est l'un des meilleurs instruments de progrès.

Tout cela n'est pas, il est vrai, l'œuvre d'un jour : cette perspective d'une unification désirable de la législation en matière de propriété industrielle est, comme en d'autres matières, encore bien éloignée; mais, ainsi que le disait le président de la Conférence internationale de 1880, dans la séance d'ouverture (1) : « La Conférence n'a pas à faire immédiatement un traité. Son œuvre est une œuvre pour ainsi dire préparatoire.

---

(1) Procès-verbaux, page 20.

C'est la préface d'un livre qui va s'ouvrir, et qui ne sera peut-être fermé que dans de longues années. C'est d'ailleurs un livre profondément honnête, et dont on n'aura à cacher aucune page. »

Ce qui a été dit de la Conférence de 1880, peut s'appliquer à la convention de 1883; c'est une préface; à plus tard le livre.

Comme nous le disions, l'idée d'une Union pour la protection de la propriété industrielle n'est pas précisément critiquée en elle-même; mais, ce qu'on critique, c'est la possibilité d'entrée dans l'Union de puissances, chez lesquelles toutes les branches de cette propriété ne sont pas protégées.

Pourquoi, par exemple, avoir admis dans cette Union la Suisse qui n'a pas de loi sur les brevets, et qui ne protège pas chez elle les inventions brevetées ? La réciprocité n'est-elle pas, en pareille matière, la première des conditions !

En admettant que les commissaires français eussent eu tort de consentir à l'admission de cette puissance, est-ce qu'ils seraient plus en faute que le législateur de 1844, qui a accordé aux étrangers (L. 5 juillet, art. 27) la faculté d'obtenir en France des brevets d'invention, sans aucune condition de réciprocité ?

Et pourquoi le législateur français a-t-il ainsi agi ?

Il est bon, à cet égard, de rappeler ce que disait, en 1843, Cunin-Gridaine, ministre du commerce, dans son Exposé des motifs de la loi sur les brevets : « L'exercice du commerce et de l'industrie appartient au droit des gens. Il est accordé, sans restriction et sans réserve aux étrangers comme aux nationaux; il n'y a donc aucun obstacle à ce que l'étranger obtienne, en France, un brevet d'invention. »

« La France, a dit à son tour Philippe Dupin dans son rapport à la Chambre des députés, s'est toujours montrée hospitalière et généreuse envers les autres nations. La première, elle a aboli le droit d'aubaine et admis les étrangers à jouir du bénéfice de ses lois. A plus forte raison devait-elle ouvrir les portes à celui qui vient lui apporter un tribut de découvertes nouvelles. Il était digne d'elle de donner l'exemple du respect pour le droit des inventeurs sans distinction de nationalité, et d'élever la garantie pour les œuvres du génie industriel à la hauteur d'un principe de droit public international. L'exercice du commerce et de l'industrie, en effet, n'appartient-il pas essentiellement au droit des gens ? »

Voilà de nobles paroles; elles sont dignes de la France; les commissaires français ont bien fait de s'en souvenir; ils ne pouvaient les répudier.

Est-il vrai, au surplus, qu'en donnant à l'article 1er de la convention l'amplitude qu'il comporte, la France, et à son exemple, les nations autres que celles, qui ne protègent pas les inventions brevetées, aient fait un métier de dupes ?

Il est bon de rappeler à cet égard ce qui s'est passé à la Conférence de 1880.

Parmi les puissances qui y prirent part, deux, la Suisse et les Pays-Bas, n'avaient pas de loi sur les brevets.

Leur situation était embarrassante puisque, à ce point de vue, elles ne pouvaient promettre aucune protection aux étrangers.

Ce qui détermina la Conférence à passer outre, ce fut la déclaration qui fut faite dans la séance du 6 novembre (1), par le représentant de la première de ces puissances.

Ce représentant, M. Kern, dit « être chargé par ses instructions de déclarer que, malgré le fait que la Constitution fédérale ne renferme pas de dispositions donnant aux autorités fédérales la compétence de légiférer dans le domaine des inventions industrielles, celui-ci (son gouvernement), tout en faisant ses réserves sur ce point, n'en croit pas moins devoir répondre affirmativement aux ouvertures que le gouvernement français a bien voulu lui faire, et cela d'autant plus, que d'autres matières faisant l'objet du programme du Congrès (2), sont déjà réglées par la législation fédérale ou sur le point de l'être. La délégation suisse est, du reste, dans le cas d'ajouter à cette déclaration, déjà communiquée au gouvernement français, dans la réponse du Conseil fédéral, du 14 février de l'année courante, à la lettre de l'ambassade française, du 30 décembre 1879, ce qui suit :

« Il n'est pas douteux qu'il ne se soit produit en Suisse, ces dernières années, dans l'opinion publique, un mouvement important au sujet des brevets d'invention. Le Conseil national, nanti, par l'initiative de l'un de ses membres, d'une proposition relative à cette question, a voté, *à l'unanimité*, la prise en considération de cette proposition, en invitant le gouvernement fédéral à examiner s'il ne serait pas dans l'intérêt de la protection industrielle d'introduire en Suisse le système des brevets d'invention dans le domaine de l'industrie et du commerce, l'invitant en même temps, au cas où cette question recevrait une réponse affirmative, à présenter un projet de loi sur la matière. Le projet de loi est déjà élaboré par le département du Conseil fédéral, au ressort duquel appartiennent les question de cette nature. Ce projet de loi est imprimé et accompagné d'un exposé de motifs, dans lequel le département se prononce d'une manière très positive pour l'utilité et la nécessité d'une protection de cette partie de la propriété industrielle. Des Sociétés d'in-

---

(1) Procès-verbaux, page 33.
(2) Les marques, les dessins et les modèles.

dustrie, se faisant l'organe des intérêts de l'industrie et du commerce suisses, se sont prononcées itérativement et d'une manière catégorique dans le même sens. »

En présence de cette attitude, de ces déclarations, qui équivalaient à un engagement de la part de la Suisse, de faire une loi sur les brevets d'invention, on aurait voulu qu'on exclût cette puissance de l'Union. Était-ce possible ? Était-ce raisonnable ? Était-ce politique ?

Un engagement semblable n'a sans doute pas été pris par les Pays-Bas, qui ont adhéré à la convention au moment de sa conclusion (1), et par la Serbie, qui y a adhéré ultérieurement ; ni l'une ni l'autre de ces puissances ne protège les inventions brevetées ; mais cette situation exceptionnelle pourra être examinée lors de la réunion de l'une des conférences qui, d'après l'article 14, doivent procéder aux révisions périodiques de la convention.

On pourra se demander, à ce moment, d'une part, si cette situation doit être maintenue, et, d'autre part, si les inconvénients qui peuvent en résulter sont ou ne sont pas suffisamment compensés par les avantages qui résultent de l'adhésion de ces gouvernements au point de vue de la protection des marques, des dessins et des modèles.

A propos de l'adhésion de la Grande-Bretagne, l'un des détracteurs de la convention de 1883 a présenté ce fait comme un acte de rouerie doublé de machiavélisme, parce que cette adhésion n'a été donnée qu'après diverses modifications apportées par les Anglais à leur législation sur les brevets, et notamment après l'adoption du principe de la licence obligatoire (2), principe qui permet à un jury d'apprécier sans appel la valeur d'une

---

(1) La Hollande a supprimé, le 15 juillet 1869, sa loi du 25 janvier 1817 sur les brevets d'invention. On a expliqué cette détermination par cette considération que la Hollande est un pays commercial plutôt qu'industriel, et qu'on n'y délivrait par an que cinq ou six brevets à des nationaux, tandis qu'on en délivrait des centaines à des exploitants étrangers.

(1) *Licences obligatoires.* — Lorsque, sur la demande d'une personne intéressée, il sera prouvé à la Chambre de commerce que, par suite du refus d'un patenté à l'accord de la licence sous des conditions raisonnables : — *(a)* La patente n'est pas mise en œuvre dans le Royaume-Uni, ou bien — *(b)* les demandes raisonnables du public relatives à l'invention ne peuvent pas être satisfaites ; ou bien — *(c)* qu'une personne est empêchée de mettre en œuvre ou d'employer au mieux une invention dont il est tributaire, la Chambre de commerce peut ordonner au patenté d'accorder des licences sous conditions, telles que paiement de primes, sécurité de paiement ou autres que la Chambre pourra trouver justes, eu égard à la nature de l'invention et aux circonstances de l'affaire, et un tel ordre peut être exécuté par mandat obligatoire (acte du 25 août 1883, art. 22).

invention et d'exproprier l'inventeur. Ce jour-là, les Anglais étaient armés contre les étrangers et pouvaient sans risques adhérer à la convention.

C'est véritablement abuser de l'inexpérience des lecteurs que de présenter la licence obligatoire en matière de brevets comme un moyen de spoliation vis-à-vis des étrangers, puisque ce droit peut s'exercer, non-seulement à leur encontre, mais encore à l'encontre des nationaux. Ce système, moins radical que celui de l'expropriation consacré par la loi (1) allemande du 3 mai 1877 (art. 11), comptait d'ardents partisans bien avant la convention : il a été soutenu, en 1878, au Congrès de la propriété industrielle, par M. Poirrier, présentement vice-président de la Chambre de commerce de Paris (2); la convention de 1883 n'a donc rien à faire dans cette question.

En faisant justice des critiques dirigées contre l'article 1er, nous avons fait, par cela même, justice de celles dirigées contre l'article 16, qui admet les États qui n'ont point pris part à la convention, à y adhérer sur leur demande, et qui déclare que cette adhésion emporte, de plein droit, accession à toutes les clauses et admission à tous les avantages stipulés par ladite convention.

Ainsi que nous avons eu occasion de le dire, le mouvement qui s'est produit, depuis quelques années, en faveur de la protection des diverses branches de la propriété industrielle, est considérable.

C'est incontestablement au Congrès de 1878, précurseur de la Conférence de 1880 et de la Convention de 1883, qu'on est redevable de ce mouvement.

C'est à partir de cette époque, en effet, que nous avons vu successivement faire ou refaire, la plupart du temps dans le sens des résolutions arrêtées dans ce Congrès : en 1879, les lois belge (1er avril), roumaine (14 avril) et suisse (19 décembre) sur les marques de fabrique et de commerce ; dans la même année, celle du Canada sur les marques et dessins de fabrique (15 mai): en 1880, les lois de la Turquie (1er mars) et du Luxembourg (30 juin) sur les brevets, ainsi que celles des Pays-Bas (25 mai) et du Danemarck sur les marques (2 juillet); en 1881, la loi des États-Unis sur les marques (3 mars); en 1882, les lois du Vene-

---

(1) Le brevet peut, après le cours de trois années, être retiré;..... 2° lorsque, dans un intérêt public, la délivrance de l'autorisation de faire usage de l'invention paraît requise, mais que le titulaire du brevet se refuse néanmoins à délivrer cette autorisation moyennant une indemnité convenable et une garantie suffisante.

(2) Procès-verbaux, page 250.

zuela (25 mai) et du Brésil (14 octobre) sur les brevets ; en 1883, celles de l'Angleterre sur les brevets, dessins et marques (25 août), celles du Luxembourg (28 mars) et du Portugal (4 juin) sur les marques ; en 1884, celles de la Suède et de la Norwège sur les brevets (10 mai), et celle des mêmes pays sur les marques (20 mai et 5 juillet); en 1885 enfin, celle du Japon sur les brevets (1er juillet).

En présence de ces résultats vraiment inespérés, qui oserait nier l'heureuse influence exercée par le Congrès de 1878 et par la Conférence de 1880 ? La Convention de 1883 a été l'un de ces résultats.

§ II

ASSIMILATION AUX SUJETS OU CITOYENS DES ÉTATS CONTRACTANTS
DES ÉTRANGERS DOMICILIÉS OU ÉTABLIS DANS CES ÉTATS

L'article 3 de la Convention a assimilé aux sujets ou citoyens des États contractants les sujets des Etats qui ne font pas partie de l'Union, mais qui sont domiciliés, ou qui ont des établissements industriels ou commerciaux sur le territoire de l'un des États de l'Union.

Cet article, qui a été ajouté à la convention dans l'une des dernières séances (1), lors du travail de révision, n'a pas été admis sans difficulté.

Deux opinions extrêmes se trouvaient en présence, l'une soutenue par les représentants de la France, de la Suède et de l'Italie, qui consistait à n'accorder le droit de jouir des avantages résultant de l'Union qu'aux nationaux des Etats qui en feraient partie ; l'autre, soutenue par les représentants de la Belgique et du Salvador, qui consistait à mettre les étrangers sur le même pied que ces nationaux, ainsi que cela a été fait par certaines législations, notamment par notre loi du 5 juillet 1884 pour les brevets d'invention.

Ce fut alors qu'une opinion intermédiaire, développée par le représentant de la Suède, et soutenue par celui de la Suisse, se produisit : cette opinion consistait à admettre au bénéfice de l'Union, non pas tous les étrangers, mais seulement ceux qui auraient leur domicile ou un établissement industriel ou commercial sur le territoire de l'un des Etats de l'Union.

C'est ce qui a lieu dans la plupart des pays en matière de marques, de dessins ou de modèles.

---

(1) Séance du 17 novembre.

L'article 3 de la convention a donc été le résultat d'une transaction.

Quant à croire que, par suite de son adoption la France et les autres pays faisant partie de l'Union vont être envahis par les étrangers installés dans les autres pays, c'est une crainte manifestement chimérique. Les conditions, soit du domicile, soit d'un établissement industriel et commercial sont sérieuses et souvent difficiles à remplir; ce sont celles qui, nous l'avons déjà dit, sont inscrites dans la plupart des traités conclus sur la matière, où elles sont devenues une clause de style. Jusqu'à ce jour, cet état de choses n'a pas présenté d'inconvénients; il n'a pas donné lieu aux abus qu'on semble redouter : il en sera à l'avenir ce qu'il en a été dans le passé.

Mais, dit-on, on pourra se créer de faux domiciles, installer des établissements fictifs ou mensongers, comment et par qui ces fraudes seront-elles réprimées? Est-ce que les tribunaux ne sont pas là? Est-ce que ce n'est pas leur droit et leur devoir de prononcer, quand ils en sont requis, la nullité de dépôts effectués dans des conditions illicites? Est-ce que jusqu'à ce jour ils ont failli à cette tâche? Pourquoi donc craindre des défaillances ou des dénis de justice?

§ III

DÉLAIS DE PRIORITÉ

Voici, à coup sûr, l'une des plus étranges critiques.

Depuis de longues années, l'on s'était préoccupé de la situation des inventeurs, des créateurs de dessins et de modèles, ainsi que des propriétaires de marques, qui veulent se faire protéger dans plusieurs pays.

Comment y parvenir, alors que la nouveauté est une condition essentielle de la protection?

Exemple : Je prends aujourd'hui un brevet en France, et je voudrais en prendre un en Angleterre, en Belgique, en Espagne, aux États-Unis.

Pour que cela fût possible, il faudrait que la prise de ces brevets fût simultanée; sinon, si je laisse écouler un délai plus ou moins long entre la prise du premier brevet et celle des brevets ultérieurs, il pourra, dans l'intervalle, se produire des faits de publicité, soit par suite de la communication au public des dessins, descriptions, échantillons ou modèles, soit par toute autre cause, et lorsque j'arriverai pour prendre mon second, mon troisième, mon quatrième brevet, il sera trop tard; l'invention aura cessé d'être nouvelle et par suite d'être brevetable.

Ce qui se passe pour les brevets se passe également pour les dessins, pour les modèles et pour les marques.

Cette situation avait, nous le répétons, éveillé depuis longtemps les préoccupations des économistes et des jurisconsultes.

Elle est, en effet, souverainement inique, puisqu'elle rend les inventeurs victimes d'impossibilités dont ils ne peuvent triompher : il importait d'y mettre un terme. « Je vous le demande au nom des inventeurs, disait, au Congrès de 1878, l'un des orateurs qui ont pris part aux débats soulevés par cette question, je vous le demande aussi au nom de l'honnêteté commerciale. Vous savez bien que souvent, quand l'inventeur veut importer une invention dans un pays étranger, il se heurte, il se brise contre des importations antérieures. C'est toujours le même refrain; il est trop tard. Il y avait autrefois des écumeurs de mer; il y a de nos jours des écumeurs d'inventions. »

Et le procès-verbal (1) constate que ces paroles furent accueillies par une vive approbation.

Pour remédier à cet état de choses, alors que l'Union n'existait pas encore, on n'avait trouvé qu'un moyen, c'était d'autoriser le dépôt simultané des demandes de brevets, de dessins, de modèles et de marques, à l'autorité locale compétente et aux consulats des diverses nations étrangères.

C'est aussi le moyen auquel on avait songé en 1877, lors du Congrès tenu à Anvers par l'Association pour la réforme et la codification du droit des gens.

La question fut reprise en 1880, lors de la réunion de la Conférence internationale. Cette fois, elle devenait plus facile à résoudre, puisque les puissances qui faisaient partie de cette Conférence projetaient de se constituer en Union.

A ce sujet, le président de la Conférence présenta les observations suivantes (2) : « En France, dit-il, quand une invention a reçu n'importe où, et de quelque manière que ce soit, une publicité quelconque, elle ne peut plus être brevetée valablement. Il s'agit, dans un intérêt d'honnêteté, de faire disparaître cette disposition. La richesse n'est pas, en général, l'apanage de l'inventeur, et c'est à peine si, souvent, il peut prendre un brevet dans son propre pays. Si l'on multiplie les frais qui le grèvent en l'obligeant de déposer des demandes de brevet dans les autres pays, il lui sera impossible de garantir ses droits. D'un autre côté, un étranger verra souvent ses droits perdus en France, parce qu'il aura pris, antérieurement au dépôt qu'il y aura effectué, son brevet dans son propre pays, et que, dès

---

(1) Page 246.
(2) Procès-verbaux, page 49.

lors, son invention ne sera plus nouvelle aux termes de la loi française. Au Congrès de 1878, on a cherché un moyen pratique de remédier à cette situation. On a d'abord imaginé d'autoriser le déposant à faire une déclaration chez tous les consuls ; mais on a répondu avec raison qu'il n'y a pas de consuls partout, et que, d'un autre côté, ce mode de procéder entraînerait des frais assez considérables. Alors, on a proposé de décider que la déclaration dans un des pays contractants vaudrait déclaration dans tous les autres. Le déposant n'aurait pas un brevet pour cela ; mais il pourrait l'obtenir dans un certain délai, sans encourir une déchéance pour absence de nouveauté. »

C'est sous l'empire de ces idées, qui ont reçu l'unanime approbation de la Conférence, qu'a été adoptée la disposition, qui est devenue l'article 4 de la convention, et qui est ainsi conçue :

« Celui qui aura régulièrement fait le dépôt d'une demande de brevet d'invention, d'un dessin ou modèle industriel, d'une marque de fabrique ou de commerce, dans l'un des États contractants jouira, pour effectuer le dépôt dans les autres États, et sous réserve des droits des tiers, d'un droit de priorité pendant les délais déterminés ci-après.

« En conséquence, le dépôt ultérieurement opéré dans l'un des autres États de l'Union avant l'expiration de ces délais ne pourra être invalidé par des faits accomplis dans l'intervalle, soit, notamment, par un autre dépôt, par la publication de l'invention ou son exploitation par un tiers, par la mise en vente d'exemplaires du dessin ou du modèle, par l'emploi de la marque.

« Les délais de priorité mentionnés ci-dessus seront de six mois pour les brevets d'invention, et de trois mois pour les dessins ou modèles industriels, ainsi que pour les marques de fabrique ou de commerce. Ils seront augmentés d'un mois pour les pays d'outre-mer. »

Cet article n'a pas eu l'heur de plaire au rapporteur de la Chambre de commerce de Paris ; il l'a critiqué dans son rapport (1), et la raison de cette critique, c'est que ce serait un bouleversement de notre législation sur les brevets et un vol fait au domaine public.

Il faut citer le passage :

« L'examen du principe fondamental de la brevetabilité, dit ce rapporteur, qui, aux termes de la loi française, veut qu'une invention implique une révélation industrielle (loi du 5 juillet 1844, art. 30, loi complétée et expliquée depuis par une jurisprudence constante), cet examen nous entraînerait à donner à ce rapport

---

(1) Page 4.

dos dimensions considérables, que déjà l'urgence de la situation, à elle seule, nous interdirait.

« Hâtons-nous seulement de dire que ce grand principe de législation a été méconnu par la convention internationale diplomatique du 20 mars 1883 dans son article 4, qui a créé subitement, au profit des inventeurs étrangers, des privilèges relatifs à des inventions que la loi du 5 juillet 1844 déclare acquises au domaine public, pour cause d'antériorité et de divulgation. »

Nous commencerons par faire remarquer à l'auteur de ce rapport que, si la disposition qu'il critique constitue un privilège, ce privilège n'existe pas seulement pour les inventeurs étrangers, comme il le dit, mais qu'il existe aussi pour les inventeurs français, puisque, par réciprocité, ceux-ci jouissent des mêmes avantages; ce détail lui a sans doute échappé. Or, si les nationaux et les étrangers sont unis sur le même pied, comment cette similitude de traitement pourrait-elle constituer un privilège?

Est-ce avec plus de raison qu'on présente cette disposition comme constituant une sorte de vol fait au domaine public?

Sans doute, d'après notre législation, aussi bien que d'après celle des autres nations, la première condition pour qu'une invention, un dessin, un modèle, une marque aient droit à une protection légale, c'est qu'ils soient nouveaux : mais, lorsque, au moment du premier dépôt, cette nouveauté existe, est-ce que satisfaction n'est pas donnée à l'exigence de la loi? Est-ce que le créateur de l'œuvre n'en est pas devenu propriétaire par le fait de cette création?

Eh quoi, parce que des impossibilités matérielles s'opposent à ce que les formalités du dépôt soient accomplies en même temps par l'inventeur dans tous les pays où il se propose de se faire protéger, on voudrait tirer parti contre lui de cette situation pour le dépouiller de la plus légitime des propriétés.

Qu'est-ce donc que le domaine public, au profit duquel on réclame cette spoliation? C'est la collection de ceux qui, ne pouvant rien inventer, trouvent naturel de dépouiller ceux qui inventent. Foin des inventeurs! Pourquoi leur payer tribut? N'est-il pas plus commode de profiter de leurs labeurs, sans bourse délier? La propriété d'une invention! Qu'est-ce que cela? Il n'y a qu'une propriété, celle des écus. Les droits de l'inventeur! Parlez-moi des droits du capitaliste! Au premier, la misère; au second, la fortune. En avant donc le domaine public! Qu'importe que ce soit le domaine du vol, du moment qu'il est un domaine légal!

Grâce au ciel, si ces idées ont eu leur jour de vogue, cette vogue est aujourd'hui passée, et d'autres idées ont prévalu.

Le droit des inventeurs et des auteurs industriels sur leurs œuvres ou des fabricants sur leurs marques est un droit de propriété, a dit, en 1878, le Congrès de la propriété industrielle. La loi civile ne le crée pas, elle ne fait que le réglementer.

Demeurons fidèles à ces principes; à défaut d'autre mérite, ils ont, du moins, celui de l'honnêteté.

§ IV

INTRODUCTION DANS LE PAYS DU BREVET D'OBJETS FABRIQUÉS À L'ÉTRANGER

Nous voici parvenus à la grosse critique.

L'article 32, § 3 de notre loi du 5 juillet 1844 déclare déchu de tous ses droits, le breveté qui introduit en France des objets fabriqués *en pays étranger*, et semblables à ceux qui sont garantis par son brevet.

L'article 5, § 1er de la convention du 20 mars 1883 déclare, au contraire, que l'introduction par le breveté, dans le pays où le brevet a été délivré, d'objets fabriqués *dans l'un ou l'autre des États de l'Union*, n'entraînera pas la déchéance.

Cette abrogation partielle de l'article 32 de la loi de 1844 est le grand cheval de bataille des adversaires de la convention.

On parlait tout à l'heure de vol fait au domaine public; on parle maintenant de vol fait au travail national.

Pour apprécier la valeur de ces récriminations, il convient tout d'abord de se rendre compte de l'état précis de notre législation sur la matière; nous en déduirons ensuite les conséquences, non pas seulement au point de vue de tel ou tel intérêt privé, mais au point de vue de l'intérêt général; nous examinerons enfin si l'article 5 de la convention ne contient pas, dans son second paragraphe, dont les adversaires de cette convention n'ont garde de parler, un correctif qui atténue singulièrement la portée du premier, et qui en restreint considérablement la portée.

Ainsi que nous l'avons dit, notre loi de 1844 déclare déchu de ses droits le breveté, qui introduit en France des objets fabriqués à l'étranger et semblables à ceux qui sont garantis par son brevet.

Hâtons-nous d'ajouter que cette loi est la seule de son espèce; cette déchéance n'existe, à notre connaissance, dans la législation d'aucun pays; ceux qui ont le plus récemment modifié leur loi sur les brevets (1), se sont gardés de l'adopter.

A l'origine, la règle posée dans la loi de 1844 comportait une seule exception : « Sont exceptées des dispositions du précédent paragraphe, disait cet article, les modèles de machines dont le le ministre de l'agriculture et du commerce pourra autoriser l'introduction dans le cas prévu par l'article 29, c'est-à-dire dans le cas où l'auteur d'une invention ou découverte déjà brevetée à l'étranger veut obtenir un brevet en France. »

Cet article semblant ne permettre l'introduction que dans le cas où les modèles étaient destinés à être produits à l'appui d'une demande de brevet faite en France, une loi du 31 mai 1856 a permis, d'une façon générale, l'introduction des modèles de machines avec l'autorisation du ministre; il a, de plus, permis celle des objets fabriqués à l'étranger, quand ils sont destinés à des expositions publiques ou à des essais faits avec l'assentiment du gouvernement.

A propos de l'Exposition universelle de 1878, une loi du 8 avril, faisant un pas de plus (art. 2), a décidé que cette autorisation ne serait pas nécessaire pour l'introduction d'un spécimen unique, fabriqué en pays étranger, d'une invention brevetée qui serait admise à l'Exposition, à condition de réexporter ce spécimen dans le mois de la clôture de l'Exposition.

Enfin, en 1881, à l'occasion de l'Exposition internationale d'électricité, une loi du 5 juillet, élargissant encore le cercle, a permis d'une façon générale l'introduction par les brevetés des objets fabriqués à l'étranger et admis à figurer à l'Exposition, mais toujours à charge de réexportation dans un délai de trois mois.

Tel est l'état de notre législation.

Comme on le voit, sauf les exceptions que nous venons d'indiquer, et qui tendent à devenir sans cesse plus nombreuses, le principe de la déchéance pour cause d'introduction par le breveté d'objets fabriqués à l'étranger demeure la règle.

Le motif qui a fait introduire ce principe dans notre loi de 1844, est un motif de protection pour le travail national.

« La loi ne peut permettre que le brevet ne serve qu'à créer à l'inventeur un monopole, à l'aide duquel il puisse, sans concurrence et au préjudice du travail national, introduire et débiter en France des produits fabriqués à l'étranger (Exposé des motifs à la Chambre des pairs).

« Ce que la loi accorde à un inventeur, ce n'est pas un monopole de commerce proscrit par notre législation générale, mais un monopole industriel; dès lors faut-il que ce monopole s'exerce au profit de notre industrie et de nos travailleurs, et par consé-

---

(1) Brésil, loi du 14 octobre 1882; — Grande-Bretagne, acte du 25 août 1883.

quent, sur le sol français (Rapport du marquis de Barthélemy à la Chambre des pairs).

« Quant à l'interdiction, pour le breveté, de tirer de l'étranger des produits semblables à ceux dont il a le monopole, elle est également fondée sur l'intérêt du pays, qui veut qu'en échange du monopole qui lui est conféré le breveté fasse profiter le travail national de la main-d'œuvre résulant de l'exploitation de son industrie. S'il en était autrement, le brevet délivré à l'inventeur ne serait qu'une prime accordée à l'industrie étrangère (Exposé des motifs à la Chambre des députés).

« La protection de la loi française ne peut lui (au breveté) être continuée, quand, au lieu d'en faire profiter le travail national, il en reporte les profits aux travailleurs étrangers (Rapport de Philippe Dupin à la Chambre des députés). »

Les idées exprimées dans les passages, que nous venons de citer, étaient naturellement en honneur à une époque de protection et même de prohibition à outrance.

Mais des idées contraires ont succédé à ces idées, dont l'expérience a démontré les périls et les erreurs.

C'est fort bien de se préoccuper des intérêts du producteur; mais il faudrait cependant se préoccuper aussi de ceux du consommateur. De quel droit prive-t-on celui-ci des avantages de la libre concurrence? De quel droit lui fait-on payer les frais de la protection? On comprend à la rigueur que, lorsqu'il s'agit d'industries, pour lesquelles il importe que la France ne soit pas tributaire de l'étranger, d'industries dont le maintien sur notre sol est une condition de la vie et de l'existence nationales, on comprend, dis-je, qu'on impose au consommateur des sacrifices, qui ne sont pas d'ailleurs sans compensations. Mais quand il s'agit d'un nombre relativement minime d'objets, que sont les objets brevetés relativement à ceux qui ne le sont pas, vouloir en réserver la fabrication exclusive à l'industrie française, organiser au profit de quelques-uns un monopole nuisible à tous, c'est dépasser la mesure, et la dépasser sans justice ni raison.

Il ne faut pas d'ailleurs se payer de mots.

Il semble qu'on ait tout dit, quand on a parlé du travail national. Mais qu'est-ce donc que le travail national? Il en existe de bien des espèces. On parle de l'industrie, et le commerce? Est-ce que ce n'est pas aussi une branche du travail national? Est-ce qu'il ne faut pas aussi le protéger, et le protège-t-on, quand par la hausse des prix on diminue la consommation? Est-ce que les travailleurs employés par les commerçants ne sont pas des travailleurs nationaux aussi bien que ceux employés par les industriels? On parle des fabricants, et les brevetés? Est-ce qu'eux aussi ne font pas partie de la famille des travailleurs nationaux?

De quel droit les sacrifie-t-on aux autres ? Pourquoi les forcer à subir des exigences, dont ils sont trop souvent les victimes ?

Qu'on ne parle donc pas ainsi du travail national ; les fabricants n'en sont pas les seuls représentants ; ils doivent, comme les autres, subir la loi commune ; cette loi, c'est celle de la concurrence et de la liberté.

Eh quoi ! les droits de douane ne suffisent pas ; il faut fermer nos portes, barrer nos frontières ; et c'est de nos jours qu'on défend un pareil système !

Je sais bien qu'en ce moment le libre échange n'est pas en faveur, et que les protectionnistes ont entamé contre lui une campagne, dont celle entreprise contre la convention du 20 mars 1883 paraît être un incident. Mais, quelque soit la valeur de ce régime économique, ou du régime contraire, ce qui est certain, c'est que, si l'on veut y bien réfléchir, si l'on veut bien ne consulter que l'intérêt du plus grand nombre, on reconnaîtra que, dans la matière qui nous occupe, la situation créée par la loi de 1884, loin d'être une cause de profit pour le travail national considéré dans son ensemble, est au contraire pour lui une cause de préjudice.

Il convient d'insister et de justifier à d'autres points de vue l'existence de ce préjudice.

Un des fâcheux résultats de ce système a été indiqué, en 1879, dans une brochure publiée sur les modifications à introduire dans la loi du 5 juillet 1844 : « Un étranger, disent les auteurs de cette brochure (1), inventeur dans son pays, n'hésiterait pas à prendre un brevet en France, s'il lui était permis d'y introduire de suite ses produits fabriqués avec les moyens qui sont à sa disposition chez lui. Toutefois, il tenterait l'essai, et s'il voyait que son invention s'acclimate chez nous et y assure des bénéfices suffisants, il y créerait bientôt une usine qui lui éviterait les frais de transport, les droits de douane, etc. Au lieu de cela, l'inventeur étranger, obligé de fabriquer de suite en France, hésite et recule devant une dépense aléatoire, et beaucoup d'établissements considérables qui seraient ainsi créés ne se fondent pas. La loi qui a voulu protéger le travail national va donc directement contre son but. »

Un autre résultat, non moins fâcheux, a été signalé dans le *Génie civil* (numéro du 10 juillet 1884) (2) :

« On ne peut méconnaître, est-il dit dans cet article, que les inventions étrangères, à quelques exceptions près, restent ignorées des industriels français, l'inventeur étranger se voyant

---

(1) MM. L. Lyon Caen et Albert Cahen.
(2) L'auteur est M. l'ingénieur Thirion.

impitoyablement refuser toutes les demandes qu'il présente à l'effet d'être autorisé à introduire un spécimen qui lui permette de faire la démonstration pratique des avantages procurés par son invention ou son perfectionnement. Peu d'inventions provenant de l'étranger entrent donc dans la pratique de l'industrie française, et c'est là, suivant nous, l'une des causes principales des difficultés que notre industrie éprouve à soutenir efficacement la concurrence étrangère.

« Nous ne dirons rien de nouveau, d'ailleurs, en rappelant que l'industrie française ignore trop ce qui se passe en dehors du rayon dans lequel elle se meut; que ce soit insouciance ou confiance en elle-même, elle se tient peu au courant des améliorations apportées dans les procédés de fabrication par ses concurrents étrangers, et, souvent, elle ne les connaît que par l'impossibilité où elle se trouve, à un moment donné, de produire aussi bien et à aussi bon marché.

« A notre avis, l'article 5 de la convention internationale est appelé à modifier profondément et fort heureusement cet état de choses. Le marché français a, de tous, temps, été l'objectif des industries étrangères, et la faculté donnée aux inventeurs étrangers d'introduire et de vendre librement en France leurs produits brevetés aura cette conséquence que pas une invention étrangère ne manquera de venir se faire juger et apprécier ici. Qu'ils le veuillent ou non, nos industriels, nos fabricants, nos commerçants seront sollicités par toutes les inventions, par tous les perfectionnements nouveaux, non plus seulement à l'état descriptif, mais en nature, prêts à fonctionner, à s'imposer à l'industrie, et ils seront bien obligés de les étudier, de se rendre compte de leur valeur et de les apprécier comparativement avec les moyens dont ils disposent, et il en résultera nécessairement un élément d'émulation qui fait absolument défaut à l'heure actuelle. Pouvant à chaque instant comparer leurs moyens, leurs procédés de fabrication, avec ceux dont disposent leurs concurrents étrangers, nos industriels devront modifier leur outillage au fur et à mesure que les perfectionnements s'imposent, et ils se maintiendront au niveau de la fabrication étrangère avec laquelle ils pourront, à leur tour, par suite de rapports plus fréquents, traiter avantageusement des innovations qui leur seront personnelles.

« Un nombre plus considérable de produits de fabrication étrangère sera, il est vrai, vendu en France; mais, qu'est cela en comparaison des avantages généraux que retireront l'industrie et la consommation du grand nombre de moyens nouveaux qui viendront concourir à la perfection dans l'exécution et à l'abaissement des prix dans la fabrication? »

Au surplus, à quoi bon discuter toutes ces questions théoriques?

Il semble que l'article 5 de la convention ait ouvert nos portes toutes grandes, sans conditions, aux produits brevetés fabriqués à l'étranger

Il n'en est rien.

L'article 5, en effet, contient, indépendamment du premier paragraphe, dont on parle beaucoup, au second paragraphe, dont, chose singulière, on ne parle pas du tout, et qui est ainsi conçu :

« Toutefois, le breveté restera soumis à l'obligation d'exploiter son brevet, conformément aux lois du pays où il introduit les objets brevetés. »

L'adoption de ce paragraphe, qui n'existait pas dans le projet primitif, a donné lieu à un important débat dans le sein de la Conférence internationale de 1880.

Plusieurs membres, dont je faisais partie, voulaient, qu'au point de vue de la fabrication, on considérât tous les pays de l'Union comme formant un seul et même territoire, qu'on n'astreignît pas le breveté à avoir un centre de fabrication dans chacun d'eux, et qu'on le laissât libre d'installer cette fabrication dans celui qu'il jugerait le plus convenable.

Cette opinion, soutenue par les délégués de la Belgique, de la France, de la Grande-Bretagne, de la Russie et de la Turquie, fut combattue par ceux de l'Autriche, de la Hongrie, de l'Italie, de la Suède, de la Suisse et de l'Uruguay (1).

Bien que la clause de déchéance édictée par l'article 32 de notre loi de 1844 n'existe pas dans la législation de ces pays, et que, par conséquent, l'introduction des objets fabriqués à l'étranger n'y soit pas absolument interdite, les représentants de ces pays insistèrent pour l'adoption d'une clause, qui obligerait le breveté à exploiter son brevet conformément aux lois du pays où se fait l'introduction de ces objets : c'est le régime sous lequel ils vivaient; ils le défendirent énergiquement.

Il fallut céder.

Le président rappela qu'il ne fallait pas perdre de vue qu'on voulait faire une Union. « Il y a, dit-il, des propositions que certains pays ne pourraient accepter. Pourquoi ceux qui professent des théories généreuses et libérales ne voteraient-ils pas le minimum auquel tout le monde adhère, en laissant à l'avenir le soin de le développer? Il faut chercher moins ce que l'on veut que ce que l'on peut obtenir. »

---

(1) Procès-verbaux, p. 56.

Dans cet ordre d'idées, il proposa de reprendre l'article du projet primitif, et d'y ajouter un paragraphe qui donnerait satisfaction aux désirs exprimés par les délégués de l'Autriche, de la Hongrie et d'autres pays (1).

Ce paragraphe est le second paragraphe de l'article 5.

De cet article il résulte que, si une introduction quelconque en France d'objets fabriqués dans un des États de l'Union n'est pas une cause de déchéance du brevet, le breveté n'en demeure pas moins soumis à l'obligation d'y exploiter son invention, et que, s'il ne l'y exploite pas, il encourrera la déchéance édictée par l'article 32, § 2 de la loi du 5 juillet 1884 (2).

Maintenant, comment pourra-t-on concilier ces deux dispositions? En quoi devra consister cette exploitation? La vente suffira-t-elle? La fabrication ne sera-t-elle pas nécessaire? C'est à la jurisprudence qu'il appartiendra de trancher ces questions. Pour les résoudre, on interrogerait vainement les travaux préparatoires de la loi de 1844; on consulterait vainement aussi les rares arrêts rendus sur la matière. La raison en est simple : puisque, d'après la loi de 1844, le breveté ne pouvait faire fabriquer à l'étranger l'objet de son invention, il est clair que l'exploitation en France comprenait nécessairement la fabrication.

En sera-t-il de même à l'avenir?

Nous le répétons, dans le silence de la loi, la parole appartient aux tribunaux : ils rechercheront comment la question a été résolue dans les pays qui ont réclamé et obtenu l'insertion dans la Convention de 1883 du second paragraphe de l'article 5, et ils arriveront à tracer la limite délicate, nous en convenons, qui sépare l'exploitation dont parle l'article 32 de la loi de 1844, de celle qui ne serait qu'une apparence et une fiction.

Si l'interprétation, qu'ils donneront de ces articles, lèse certains intérêts, pas n'est besoin, pour leur donner satisfaction, de mettre à néant cette convention : il suffira de faire appel au législateur, qui appréciera la valeur de ces réclamations; ayant conservé la pleine liberté de son action, il pourra, s'il le juge convenable, apporter à la loi de 1844 telle modification qu'il jugera nécessaire.

Que reste-t-il donc des violentes critiques formulées contre l'article 5? Il reste : que les auteurs de ces critiques, ou n'ont pas lu cet article, ou l'ont lu d'une façon incomplète; que son

---

(1) Procès-verbaux, p. 60.

(2) Sera déchu de tous ses droits : ..... 2° Le breveté qui n'aura pas mis en exploitation sa découverte ou invention, en France, dans le délai de deux ans, à dater du jour de la signature du brevet, ou qui aura cessé de l'exploiter pendant deux années consécutives, à moins que, dans l'un ou l'autre cas, il ne justifie des causes de son inaction.

adoption n'a pas eu pour résultat d'ouvrir sans condition nos frontières aux objets brevetés fabriqués à l'étranger; que l'obligation d'exploiter l'invention en France a été maintenue à peine de déchéance; que la plupart des discussions théoriques, auxquelles on s'est livré, sont oiseuses, et ne touchent pas à la question; que le travail national n'est aucunement menacé; enfin, que, si l'on trouve trop large la brèche faite par la convention de 1883 aux prohibitions de l'article 32 de la loi de 1844, on peut recourir au législateur, pour qu'il la rétrécisse et, au besoin, pour qu'il la comble.

§ V

SAISIE DES PRODUITS REVÊTUS DE MARQUES ILLICITES

L'article 9 permet de saisir à l'importation, dans tous les États de l'Union, tout produit portant illicitement une marque de fabrique ou de commerce ou un nom commercial, lorsque cette marque ou ce nom y ont droit à la protection légale.

Il en est de même des produits portant faussement comme indication de provenance le nom d'une localité déterminée, lorsque cette indication est jointe à un nom commercial fictif ou emprunté dans une intention frauduleuse (art 10).

Si le premier de ces articles a rencontré de la part de la Chambre de commerce de Paris, une approbation sans réserve, il n'en a pas été de même de l'article 10.

« Pourquoi n'avoir pas été plus loin, a dit le rapporteur de sa commission de législation, et n'avoir pas défendu le nom des lieux *de fabrique* seul, sans adjonction du nom commercial fictif ou emprunté dans une intention frauduleuse ? »

Suivant lui, si bonne que soit l'intention de cet article, « il n'en reflète pas moins, *dans son incomplet*, une certaine immoralité : il enseigne tout au moins deux morales. Il ne permet pas de mettre sur un produit le nom d'une localité, qui n'est pas sa provenance, quand on joint à cette localité un nom commercial; mais il permet d'employer l'indication frauduleuse de la localité, sans adjonction du nom commercial. »

Il est facile de répondre au rapporteur de la Chambre de commerce de Paris.

Si l'on n'est pas allé plus loin, c'est qu'on ne l'a pas pu; et, si on ne l'a pas pu, ce n'est pas la faute des commissaires français.

L'article proposé par eux (1) était ainsi conçu : « Tout produit portant illicitement, soit la marque d'un fabricant ou d'un com-

---

(1) Procès-verbaux, page 79.

merçant établi dans l'un des pays de l'Union, soit une indication de provenance dudit pays, sera prohibée à l'entrée dans tous les autres Etats contractants, exclu du transit et de l'entrepôt, et pourra être l'objet d'une saisie suivie, s'il y a lieu, d'une action en justice. »

Si cet article avait été adopté, les plus difficiles se seraient sans doute tenus pour satisfaits. Possibilité de saisie pour simple indication de fausse provenance, sans qu'un autre élément de fraude soit nécessaire ; prohibition de l'importation, exclusion du transit et de l'entrepôt ; faculté de saisie à la requête, soit du ministère public, soit de la partie privée ; c'était la reproduction dans toute son énergie de l'article 19 de notre loi du 23 juin 1857.

Mais on s'est heurté tout d'abord aux résistances des pays de transit, tels que la Suisse, qui ont absolument refusé d'admettre la saisie en cas de simple passage du produit délictueux sur leur territoire : on s'est heurté ensuite aux méfiances d'autres Etats, qui ont craint, qu'en accordant la faculté de saisie, on n'en imposât, moralement au moins, l'obligation aux représentants du ministère public dans les divers Etats de l'Union.

Relativement aux fausses indications de provenance, on a fait valoir les difficultés résultant d'habitudes et de pratiques dont on est obligé de tenir compte. Il est certain qu'on vend couramment, sous le nom d'eau de Cologne, des eaux qui sont fabriquées partout ailleurs que dans cette ville ; sous celui de Champagne ou de Cognac, des vins ou des eaux-de-vie qui proviennent de tout autres pays ; sous celui de cuir de Russie, de velours d'Utrecht, des produits complètement étrangers aux fabriques russes ou hollandaises. Il est vrai que ce sont là des désignations générales, qu'on considère comme étant dans le domaine public et comme étant, par suite, d'un usage licite. Mais, où cesse l'usage, où commence l'abus ? On a vu là, au point de vue de la saisie, la cause possible d'inextricables difficultés ; c'est pour cela que la majorité des membres de la Conférence a voulu que, pour que la saisie fût possible, la fraude se manifestât non seulement par l'indication fausse d'une localité déterminée, mais encore par celle d'un nom commercial fictif ou mensonger.

Encore une fois, sur cette question, les commissaires français ont soutenu énergiquement la lutte ; ils ont dû s'incliner devant la majorité.

Il résulte d'ailleurs de la discussion qui a eu lieu à la Conférence de 1880, qu'on n'a nullement entendu faire échec à la législation de chacun des pays contractants, et qu'on a seulement voulu, dans le cas où ces législations seraient insuffisantes ou inefficaces, fournir aux intéressés de nouveaux moyens de combattre les fraudes contre lesquelles ils ont à se défendre.

C'est ainsi que l'a compris la Hollande qui, dans sa récente loi sur les marques, du 22 juillet 1885, a déclaré punissable l'introduction (sauf en transit), de tout produit portant, *soit* une fausse indication du lieu d'origine, *soit* une raison de commerce fictive ou frauduleusement empruntée, alors que la convention de 1883 exige la réunion de ces deux éléments pour que la saisie puisse être opérée.

Nos lois du 28 juillet 1824 et du 23 juin 1857 demeurent donc en pleine vigueur.

Nous ajouterons, en terminant, que ces saisies à l'importation sont absolument distinctes de celles qui peuvent avoir lieu dans l'intérieur du pays où le produit a été introduit : il ne s'agit là que d'une question de procédure. Les produits, auxquels l'article 10 de la convention peut s'appliquer, ne deviennent pas licites par ce seul fait qu'ils n'ont pas été arrêtés à l'importation : ils sont introduits aux risques et périls de l'importateur, et, s'ils tombent sous le coup de la loi française, ils peuvent, même après avoir franchi la frontière, être saisis sur le territoire français.

VIII

Conclusion

Le moment de conclure est venu.

Faut-il, comme le demandent certaines Chambres de commerce, dénoncer purement et simplement la convention internationale du 20 mars 1883?

Faut-il se borner à demander la modification de certains articles et ne recourir à cette dénonciation qu'au cas où ces modifications ne pourraient être obtenues?

Faut-il, enfin, s'en tenir au *statu quo?*

Nous avons énuméré et démontré tous les avantages que cette convention a procurés à notre commerce et à notre industrie au point de vue des marques de fabrique et de commerce, du nom commercial, de la saisie des produits revêtus de marques illicites, de la protection accordée, lors des Expositions universelles, aux inventions brevetables, aux dessins et aux modèles industriels, aux marques de fabrique et de commerce, de l'établissement d'un service spécial et d'un dépôt central pour la propriété industrielle, de l'organisation d'un bureau international.

En cas de dénonciation, tous ces avantages seraient perdus.

Et qu'on ne dise pas que, si la convention de 1883 cessait d'exister, les traités antérieurs conclus entre la France et d'autres puissances revivraient *ipso facto.* A supposer qu'ils pussent revivre, ce qui est fort discutable, ils revivraient avec leurs lacunes et leurs imperfections; ils ne revivraient pas avec les heureuses innovations qui ont trouvé place dans la convention de 1883.

Dénoncer cette convention, et pourquoi?

Pour amener la dislocation d'une Union manifestement utile aux intérêts de la propriété industrielle?

Pour faire disparaître entre les nationaux des Etats contractants et les étrangers domiciliés ou établis dans ces Etats une égalité qui a été consacrée par la plupart des traités diplomatiques?

Pour faire cesser, par la suppression des délais de priorité, le prétendu vol commis au préjudice du domaine public?

Pour protéger ce qu'on appelle le travail national contre des périls qu'il ne court pas?

Nous ne pouvons croire à la persistance des attaques dirigées contre cette convention : nous pensons que, mieux éclairées, les Chambres de commerce comprendront qu'elles se sont engagées dans une fausse voie, et que les mesures qu'elles conseillent iraient directement contre le but qu'elles veulent atteindre.

La France a été l'instigatrice de la convention du 20 mars 1883; c'est elle qui en a pris l'initiative; c'est à son appel que les autres nations ont répondu. On ne peut, alors surtout qu'il n'existe aucune raison sérieuse, lui demander de renier son œuvre; on ne peut exiger d'elle ce désaveu; on ne peut lui infliger cette humiliation.

Comme toute œuvre législative, la convention de 1883 est perfectible; ses auteurs l'ont si bien compris que par l'article 14 ils l'ont soumise obligatoirement à des révisions périodiques, et qu'à cet effet des conférences devront avoir lieu successivement dans chacun des États de l'Union.

Si quelques articles semblaient, au point de vue français, devoir être amendés ou modifiés, les délégués de la France pourront entendre les réclamations de nos nationaux.

Si ces réclamations sont justes, il est vraisemblable qu'il se trouvera une majorité pour les accueillir.

Dans le cas contraire, qu'on se méfie d'un mouvement de colère ou de mauvaise humeur; qu'on évite les coups de tête; qu'on pèse bien les conséquences d'une détermination qu'on pourrait regretter amèrement, et surtout qu'on évite de tout perdre pour avoir voulu tout gagner.

J. BOZÉRIAN,

Sénateur, ancien président de la Conférence internationale pour la protection de la Propriété industrielle.

TABLE DES MATIÈRES

Paris. — Imprimerie C. Pariset, 101, rue de Richelieu.